At Home with

MADAME CHIC

向巴黎夫人學居家

Madame Chic的6堂
優雅生活課

珍妮佛・斯科特
Jennifer L. Scott——著

喬喻——譯

獻給

蓋瑞（Gary）與桑妮亞・艾凡斯（Sonia Evans）

目錄

Contents

PART

2 日常行程 LES ROUTINES DE LA JOURNÉE

前言 *Introduction*

時尚是什麼

時尚是什麼？它是一種感覺、一種心態，更是一種生活之道。即使你不是時尚人士，至少也看過時尚人士吧？他們衣著得體，總是知道自己真正適合什麼，而這種認知不僅僅體現在服裝上。時尚人士似乎有股神祕的氣質，有種言語難以形容的自得自在，不費吹灰之力，舉止行為帶著天生的優雅。

看著這些時尚人士，你很難想像他們住在髒亂的房子裡，或是每天晚上六點忙著準備晚餐的樣子。你可能還會忍不住好奇，他們是不是跟你一樣討厭洗碗，又甚至，他們真的會用那雙做過美甲的雙手來洗碗嗎？

好吧，說實話，有些時尚人士確實不做家事。但是時尚對我們這些平凡人來說，真的那麼遙不可及嗎？不，時尚並不是用金錢堆積出來的。時尚人士不見得都是有錢人，有錢人也不見得都很時尚。看過電視上的實境秀後，想必你也有這種感想。實境秀的富有女主角有著漂亮的髮型，穿著最新一季的名牌服裝，住在大房子裡，開著跑車，名利雙收。可是她老是抱持負面的想法，脾氣差又沒安全感，說穿了就是金玉其外罷了。這種人並不具備難以言傳的優雅，她們的內在還需要大改造。

要變得時尚其實沒什麼門檻。不管你的銀行存款有多少、住在哪裡、做什麼工作、跟什麼樣的人結婚、開什麼車、穿什麼牌子的衣服，這些統統不重要。時尚是一種境界，任何人都可以培養出來。

你可以變得時尚。你可以把日子過得精采多姿又充實。你可以優雅地完成每一件日常瑣事。即使世事不盡如人意，生活中還是可以找到很多快樂的事情。不要因為習慣了髒亂不時尚的生活，就覺得自己不可能改變。

我在第一本書《向巴黎夫人學品味》中曾介紹過「時尚夫人」在巴黎的時尚家庭。我從時尚家庭學到細緻的生活品味，對我日後的人生帶來諸多啟發，讓我看到一個全新的世界。在巴黎開心地度過一段無憂無慮的學生生活後，我搬回美國，自己總算也成了家，有了需要照顧的家人。我想把巴黎的優雅生活帶回來，把自己也變成「時尚夫人」。然而理想很豐滿，現實卻很骨感，我回到加州過得簡直是一團亂。我不敢想像要是「時尚夫人」看到我的臥房、客廳或車子後座，會有什麼反應。沒了「時尚夫人」這位生活導師，多了一個需要我事事照料的家庭，我一開始不知所措，忙得天昏地暗。老實說，一點都不時尚。

你可能覺得，煮飯、洗碗、付帳單這些日常瑣事很無聊，和「時尚」一點都扯不上邊。這麼想就錯了！這些瑣事其實可以很有趣。改變心態，從認真烹煮義大利麵醬汁、挑選家居服、細心折疊洗好的衣物、布置餐桌，或是整理信件這些小事做起，你會發現生活變得完全不一樣。有一些小祕訣，可以讓我們從平凡的家事中挖掘出樂趣，化煩躁為愉悅。凡事起頭難，先規劃好所有家事，按部就班完成，自然而然就會越做越順，家裡也會變得井井有條，從而創造出令人幸福安心的感覺；不論離家多遠，都能感受到家的溫暖。

家是外在真實世界的縮影。居家生活越有品質，你在外的氣質越是自然優雅，越能接近「時尚夫人」那種一派瀟灑，家事全上了軌道的境界。你再也不會毛毛躁躁地尋找不知所蹤的鑰匙、煩惱晚餐吃什麼，或是面對髒亂的客廳手足無措。

這種自信會在潛移默化之間改變你的態度，讓別人覺得你身上有種莫名的神祕，而那，正是法國女人「難以言傳」的時尚。

「Je ne Sais Quoi」是什麼？

這句法語常用來形容人身上「難以言傳的某種特質」。這種特質究竟是什麼？我們又該如何獲得它？維持苗條的身材或柔滑的頭髮就是「je ne sais quoi」了嗎？「je ne sais quoi」花錢買得到嗎？買最新一季流行的衣服，就能獲得「je ne sais quoi」嗎？答案是否定的，因為「je ne sais quoi」是無形的，它不存在於人的外表，而是內在。瑪莉安・威廉森（Marianne Williamson）在她的暢銷書《愛的奇蹟課程》（A Return to Love）中形容「魅力」是「金錢買不到的人格光輝，能以無形的能量創造有形的效果」。她所說的「魅力」，也是「je ne sais quoi」的一部分。它像是火花或磁力，能夠由內而外引發出你的神祕感。

再附贈一個小祕密：「je ne sais quoi」來自於一個人內心的平靜。將鍋碗瓢盤一一擦乾、細心挑選家居服或遛狗的服裝，都是從日常生活中鍛鍊內心平靜的好方法。面對別人的質疑、在辦公室加班趕截止期限、將堆滿日用品的買菜籃拖上樓梯、傍晚困在下班的車流之中……倘若能在這些令人煩躁的時刻沉住氣，你就能獲得「je ne sais quoi」，成為別人眼中的時尚人士。說穿了，難以言傳的某種特質就是「內心平靜」。

平心靜氣是值得我們不斷努力的目標，它能幫助我們臨危不亂，長久以往，你的心情不會因為同事隨口說的一句話，或是爆胎這樣的小事而大受影響。內心平靜的人，可以專注於眼前，樂觀面對所有事情，看起來游刃有餘，讓人不由得好奇那種難以言傳的優雅究竟是什麼。你的處變不驚，會吸引更多人想要多加認識你。

說來容易做來難。麵條煮爛了、寶寶長牙哭鬧、小孩子亂發脾氣、小狗尿在窗簾上……生活中令人抓狂的事情層出不窮，要維持內心平靜談何容易。可是正因為如此，以時尚的態度面對一切才是最佳選擇。陷入憤怒沮喪的情緒很容易，但是對事情又有何幫助？還不如冷靜下來，做一個深呼吸，一次做好一件事，不要因為嘈雜的環境或龐大的壓力而跟著焦慮起來。還是覺得很難嗎？那麼我們不如先換個說法，從另一個角度理解時尚人士。

「Bien dans Sa Peau」是什麼？

這句法語的意思是「自在做自己」。懂得「bien dans sa peau」的人總是泰然自若，不會神經兮兮，害怕自己說錯或做錯什麼。他們不會老是想討好別人，強求事事周全。他們不會扭捏，他們喜歡自己，享受自己的人生，也珍惜自己。換句話說，這也是一種「內心平靜」。

當你打開衣櫥時，別再碎碎唸自己該再減個幾公斤穿衣服才好看。做個「bien dans sa peau」的人吧！告訴自己，你很漂亮，然後挑一件漂亮的衣服穿上。懂得「bien dans sa peau」，洗碗不再是低下的苦差事，而是一件重要而有價值的工作。心情改變了，洗碗也可以很快樂。懂得「bien dans sa peau」，你會認真看待自己的財務收支，按時繳納帳單，將收據歸納妥當，而不是時時擔心財務出問題；懂得「bien dans sa peau」，你不會因為和另一半有爭議而小題大作。如果說「je ne sais quoi」是內心平靜，那麼「bien dans sa peau」就是時時將「je ne sais quoi」排在第一位。解釋到這裡，「時尚」的特質已經清楚了，但是，該怎麼做才「時尚」呢？首先，你必須具備兩種心：「好奇心」和「熱心」。接下來，你要成為能駕馭自己生活的「生活行家」。

「生活行家」是什麼？

「行家」的定義是：「品味有獨到之處的專家」，像是音樂行家或紅酒行家。至於我呢，我自詡為生活行家。我第一次聽說生活行家這個字眼，是在阿嘉莎・克莉絲蒂（Agatha Christine）比較不出名的短篇小說集《神祕的奎恩先生》（The Mysterious Mr. Quin）裡看到的。故事的主角薩特思韋特先生是個從食物到衣著無一不精細的生活行家，熱衷於觀察旁人，對於找出旁人行為背後的動機樂此不疲。我從這個人物身上得到靈感，把部落格取名為「生活行家」。如果說這個世界上有人沉迷於紅酒，樂於細細品嘗及品味每一種不同的味道，這套哲學為什麼不能應用到我們的日常生活呢？

要當「時尚夫人」，就從成為自己生活裡的行家開始，用心生活並欣賞生活裡的小片段，從每一件小事挖掘出樂趣，把每一天當作一場體育競賽，盡量做到最好。釋放你對生活的「熱心」，你的生活就能變得時尚。

讓我們一起成為生活行家吧！每天早上起床就帶上運動家的精神，佐以好奇心和熱心來處理每一件生活瑣事，直到晚上就寢為止吧。

你表裡如一嗎？

為了要成為「時尚夫人」，你做了一些努力：你找了一些有關時尚美容的書，研究怎麼綁絲巾，早餐該吃什麼，或是這一季該投資哪些時裝單品。你甚至改變造型、染了頭髮，尋覓到搭配絲巾的唇膏顏色。這個過程或許很有趣，而且你也確實因此變得更漂亮，可是這樣你就滿足了嗎？這樣就夠時尚了嗎？

嗯，或許家裡也該整頓一下，畢竟光是自己好看，家裡亂糟糟的也不像樣。於是你看了裝潢雜誌，擬定居家裝潢風格後，逛街買了一些新家具，回家把牆壁又重新油漆一遍。好啦，人也時髦家也時髦，可是好像還是缺了什麼。日子一天天過下去，新裝潢好的美麗房子每天午後都被孩子們弄得亂七八糟，你開始感覺無助。丈夫也令你煩躁，因為他老是不懂抱枕為什麼要放回沙發上。你像個陀螺一樣忙個不停，光是思考晚餐菜色就夠苦惱了，一天下來，你已經累得沒精力打理變得不時尚的家和不時尚的自己。

你每天過得天昏地暗，好不容易某天午後有半小時的空檔，你出門去買一支新唇膏或一雙新鞋，想給自己打打氣。你獲得了短暫的幸福感，只可惜並不持久，你的家還是讓你感覺空虛。你看著臉書上好友令人羨慕的工作職位和刺激的約會生活，回過頭看看自己雜亂無章的家，想著，這就是自己想要的生活嗎？整天打掃房子，哄小孩，和丈夫吵架……你真想瞬間移動到巴黎去，就算只有一個午後也好，可以不再當自己，而是變成一個時尚的女人，坐在咖啡廳裡恣意享受生命。

想像終歸不是現實。你開始覺得生氣，你明明全照著雜誌上說的，換了造型、買了最熱門的包包、把頭髮保養得水亮動人、為沙發買了新的抱枕讓客廳更多彩多姿。做了這麼多，怎麼還是不對？為什麼你還是覺得自己不時尚？

反省過後，你懷疑問題出在內心，於是找了一堆心靈雞湯的書，迷失於五花八門的建議之中，像是活在當下、不要怕被討厭，或是不要過度放大自我等等。你開始學習冥想、平心靜氣、感恩，還有吸引力法則這些哲學。讀著這些書，你覺得很有道理，可是一放下書，道理就全忘光了，尤其是想叫孩子幫忙打掃但是他們又不聽話的時候。你想要活在當下，可是你一點都不想待在洗衣房裡摺衣服。你知道每天都該心存感恩，但是看著家裡東西快塞爆了，卻又沒錢換大房子，你怎樣都生不出感恩的心。

天啊！每天都有那麼多事忙不完，唇蜜和絲巾這種東西對於鍛鍊內心平靜有什麼用？打扮又有什麼意義？反正你已經不怕被討厭了，又何必費心打扮給別人好印象。你知道該整理家裡（你甚至讀了風水書），但就是提不起勁動手。每天有那麼多你不想做但又不得不做的事情，究竟有什麼辦法不覺得討厭呢？

說到這裡，聰明的讀者應該已經猜到了，這些牢騷都是我之前遭遇過的問題。不過我敢打賭，這些想法你一定也多有觸動。我們可以從時尚雜誌學習打扮，從家居雜誌學習收納裝潢，從心理勵志書籍學習冥想和排除雜慮，可是一個家有三子的家庭主婦，或一個每天工作九小時還要遠程通勤的上班女性，到底該如何將這些理想落實到忙碌混亂的真實生活之中？既要內在美和外在美兼顧，工作之餘還要做家事、顧小孩和煮飯，百忙之中還不能迷失自我，光是撐下去就不容易了，更別提「找到成就感」這麼遠大的目標了，這根本不可能吧？

我寫這本書的目的，就是要教大家怎麼把不可能化為可能。很多深奧的道理，其實可以從看似膚淺的事情中實踐。正所謂知行合一，內心平靜與滿足可以從選擇家居服做起；冥想可以牽涉到做家事的祕訣。生命如此珍貴，我們不應虛度，事無大小都值得用心感受。嘗試新的蛋糕食譜，鋪上最漂亮的桌布，難道不值得開心嗎？天天在意自己的外表，把自己打扮得漂漂亮亮的，又有什麼不好？這些都是對生活的認真與用心。越是懂得這些道理，我們的內心越平靜，越能活在當下，享受生命中的每一刻。這是我們生活應該有的態度，做每一件事都認真、熱情及快樂。日常生活能多有趣，就從家開始。所以說，把全家人一起吃晚餐的祕訣，和鍛鍊內心平靜的方法相提並論放在同一頁，也沒什麼好意外的吧？畢竟這些全都息息相關。

化身「時尚夫人」

寄宿巴黎與「時尚夫人」同住的那段日子，總是很佩服「時尚夫人」永遠儀表得體。她看起來沒花多少工夫打扮，留著招牌的深褐色巴黎式鮑伯短髮，幾乎每天都穿A字裙和低跟鞋，即使在家裡也從不蓬頭垢面，我也沒看過她穿運動褲。她的日常生活充滿美感，從穿著到晚餐都經過精心設計。印象中，她一直都是這麼生活的，感覺很自在，做事俐落優雅，看起來就很舒服。

說到神祕感，「時尚夫人」堪稱大師。她默默做事並不多言，而且總是樂在其中的樣了。我與她同住時還只是個不知世事的大學生，壓根兒沒注意她是怎麼一派瀟灑地處理家務，滿腦子只想著巴黎還有哪些熱門景點可跟朋友一起去玩。十年過後，我追悔莫及，只能從記憶中苦思她當初如何料理家事。

我記得她比全家人都早起準備早餐，每週固定幾天洗衣服，清潔打掃也有一套標準流程。我知道她喜歡買新鮮的食材，而且把買菜這件事當作運動。她的廚房總是整潔乾淨，做事不會半途而廢。我不知道的是，她為什麼願意做那麼多家事，而且還顯得那麼快樂。

我回到加州，變成一個新手媽媽，我的人生和「時尚夫人」還能一樣嗎？她的那一套不見得全部適合我，反之亦然。就拿我的冥想和風水理論來說，「時尚夫人」八成會不以為然（倒是「波希米亞夫人」應該會喜歡）。再說，即使接受了巴黎禮儀的洗禮，我的內心深處仍是個加州女孩。我熱愛的巴黎習俗，真的能融入我在美國的生活嗎？

身為在家工作的家庭主婦，我有很多糗事，接下來會在書中跟各位分享。在我的「時尚」血路歷程中，「打扮」只是初窺生活樂趣的堂奧，我發現，其實任何人（包括忙碌的家庭主婦）都能把生活過得多采多姿。從內心培養出「時尚」，不論在家或在外待人接物，你會發現別人對你的態度有所變化，人生也變得更美好！

本書分成「家事」和「日常行程」兩大部分。「家事」部分的重點在於整理居家環境，讓你重新愛上你的家。我會介紹一種與眾不同的清潔整理方法，過程愉快又和平。

就連房子為什麼會髒亂，當中牽涉到的心理障礙、心態和潛在原因，我也會一併探討。

「日常行程」部分可分為三章，分別是早晨之樂、午後之樂和傍晚之樂。這些時刻組成了我們的日常生活，當中的細節鮮少有人討論，但其重要性和意義絕對不容忽視。從早上如何起床，到晚上如何事先安排明天的早餐，我都會一一細述。講究這些細節，生活將開啟愉快的新篇章。

書中有很多生活妙招，可能不見得全都適合你，但我相信多少有些幫助。我並不是每天都會用到這些方法，不過當我遇到困難的時候，書中的觀念就像一盞明燈，可以指引我方向。生活有很多麻煩的事情，不如意更是十常八九，但是你並不孤單，只要找對方法就不辛苦。不要懷疑，你也能享受人生，從生活中的每一件瑣事體驗到滿滿的快樂。

準備好踏上「時尚」之旅了嗎？請跟著我的腳步，仿效生活行家薩特思韋特先生的精神，一起興致勃勃地出發，領略生活中的美好吧！

PART 1

家 事

CHEZ VOUS

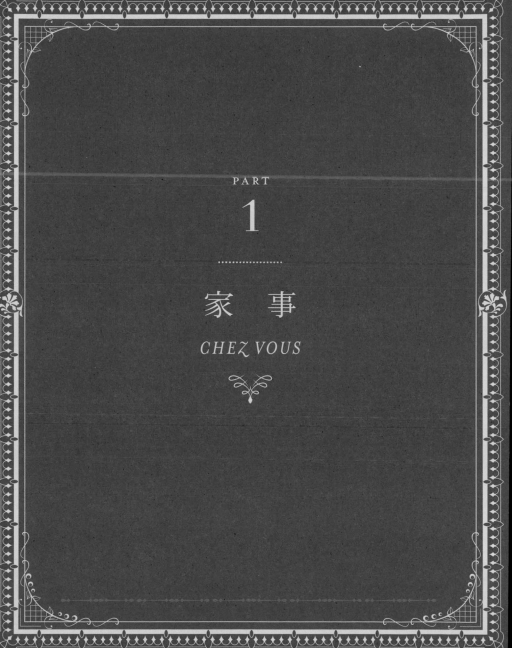

Lesson

1

法式家居

THE FRENCH CONNECTION

「時尚家庭」住在巴黎十六區的傳統公寓，他們的家整潔又古典——大大的落地窗、植物印花窗簾、鋪著軟墊的扶手椅（並沒有軟綿綿的沙發）、古董唱機、正式的晚餐桌（他們每天都會一起享用晚餐）——對於習慣美式休閒家居風格的我而言，反而非常新奇。與「時尚家庭」同住沒多久，我就發現，他們的生活過得那麼好，最主要是因為家事都上了軌道，事無大小一切井井有條。我現在也是有了兩個孩子的家庭主婦，更是佩服「時尚家庭」的持家有道。

不過，「時尚家庭」會不會只是個特例？難道法國家庭都那麼持家有道？根據我的觀察，法國人喜歡整理家居，並且引以為傲。他們很重視家的舒適度，把家事當作生活樂趣。他們相信，在家裡過得快樂，出外更容易收穫幸福。

我在聖塔莫尼卡市的鄰居，曾把房子租給一家法國人一整年。那家法國人的男主人是大學教授，選擇在休假年度到我們家附近的大學任教。我很快就和他的妻子變成朋友。她就像可愛的艾曼妞（請容我在後面的敘述中如此稱呼她），從時髦的巴黎式鮑伯短髮、透亮的皮膚，到似有若無的裸妝，完全是我印象中最欣賞的典型法國女人。但請別誤會，我這麼說並不代表她很普通。她才華洋溢，有兩個青春期的兒子，在法國是金融業的高階主管。可是她轉換身分當家庭主婦也做得有聲有色，她把家庭當作一份事業來經營。

艾曼妞剛搬過來，就邀請我去她家裡午餐，但她不光是邀我吃，還邀我一道準備。我們愉快地做了美味的沙拉、韭菜餡餅和洋梨蛋奶凍。她家裡乾淨整潔到隨時都可以開放參觀的程度。她住在聖塔莫尼卡的那一年，我們經常一起午餐。有一次她還舉辦了大型的午餐會，把在美國新認識的女性朋友全部邀來家裡。

儘管只是暫住一年的臨時房子，艾曼妞也不隨便。吸塵器嗡嗡的聲音、食物的香味，總是從她家傳來我家。艾曼妞很享受家庭生活，當然這可以理解為她卸下銀行職務一年的忙裡偷閒，但我相信她在巴黎的家一定也是這樣井然有序。

我所認識其他從巴黎來加州的朋友也一樣愛家。其中一對來自巴黎的年輕夫妻，我們因為長女同一天出生而結緣。這對夫妻也很好客，太太的廚藝超棒，小朋友平常的遊戲約會她還會自己做蛋糕和可麗餅（根本是造福我先生）。他們家一丁點髒亂都沒有，像個極簡風的樣品屋，更令人不可思議的是他們夫妻倆工作都很忙。

我從這些巴黎朋友身上學到最重要的一件事，就是他們對家事抱持著正面的態度。再瑣碎的小事，他們都能挖掘出樂趣。他們不覺得做家事浪費時間，家事不是低三下四的勞務，而是讓生活順暢進行的必要工作；在家之外的事業和生活有多重要，家事就有多重要。這種態度超時尚的！

法國人重視日常家庭生活的態度堪稱一絲不苟，不會因為意外而鬆懈。在我最喜歡的電影《艾蜜莉的異想世界》開場一幕，一位老紳士從摯友葬禮返家後，喪服還沒脫下，神情感傷滴著眼淚打開了電話簿，把過世好友的聯絡資訊塗掉，法國人對管理家事的嚴謹可見一斑。這是感人又生動的一幕，這位老先生即使深深沉浸於悲傷，仍不忘立刻更新他的電話簿。

在這部電影後來的劇情中，艾蜜莉因為錯過與暗戀對象告白的機會而煩惱。她心情不好時，並不是穿著運動褲賴在床上百般聊賴地看電視電影，而是提起精神進廚房，做她最愛的梅子蛋糕——她用滿是麵粉的雙手拭去悲傷的眼淚，那場景好美。

我們應該仿效法國人的精神，不論是平常或特別的日子，都把做家事當作快樂的事。態度轉變後，你很快就能從無頭蒼蠅般的家事肉腳，變成居家生活大師。

Lesson

2

重新愛上自己的家

FALL IN LOVE WITH YOUR HOME AGAIN

法國名模伊內絲．法桑琪（Inès de La Fressange）在她寫的《巴黎女人的時尚聖經》（Parisian Chic，積木文化出版）這本書中有一句話：「法國女人的家是她的城堡。」我很喜歡這句話，它暗示著我們不必住在真正的城堡，也能過得像住在城堡一樣。居家的品質，並不是由住在哪裡所決定。

你或許已經有了自己喜愛珍惜的家，但世事並不總盡如人意，大多數的人都曾在人生的某些階段，對自己住的地方感到不滿意。人往高處走，想要住得更好是正常的。你可能會想搬到更安全的社區，或是換個有大院子的房子，自己種種菜什麼的。夢想值得追求，但也不必全盤否定我們現在擁有的生活。

不妨珍惜自己現在住的房子，想想怎麼把它變得更好吧！我知道這並不簡單，我也是過來人，我和外子就曾為了房子經歷了一連串的心理鬥爭。

我們家是聖塔莫尼卡市一棟地中海式的三層樓聯排住宅。景觀很棒，尤其是秋天，每一層樓往外看，入目皆是開滿粉紅色花朵的絲棉樹（在聖塔莫尼卡市，要找到窗外沒擠滿鄰近建築物的房子算是很幸運的了）。我和外子快快樂樂地住了四年，直到小孩出生，事情才變了樣。

生了兩個女兒後，我們夫妻開始想換個大一點的房子。眼看人口變多，我們覺得住不下了。家裡擺滿玩具，雙人嬰兒推車只能放在前門，進門的時候有點擠。家裡的日用品得上樓下樓地拿，到處都亂七八糟。我們需要更多空間，我們需要一個花園，我們需要搬家！

我們三不五時抱怨房子的問題，有一次我抱怨到一半突然有點心酸，覺得這些問題似乎都不是什麼大事。如果某件事讓你覺得在本質上受到制約或是無所節制，這時不妨追隨你的直覺。我當時對這房子的感情就是這麼矛盾。

猶記得，我們夫妻新婚時第一次來看這棟房子，滿意得不得了，覺得它很可愛，地理位置也很理想。當初我們從許多競爭者手上搶到這棟房子，滿懷著成家的喜悅，開心到不行。

房子還在辦手續的第一個月，我們每天晚上都會散步過去看看未來的新家，不免也看到了前屋主在房子裡的生活情形。他們全家會在敞開的窗戶旁邊吃晚餐，高大的絲棉樹枝枒伸入窗中。每當他們有人往下看，我們就會趕緊走開，免得被發現我們可疑的行為（我們後來和前屋主一家成了朋友，他們非常友善）。

等到我們搬了進來，那是我人生中的重要時刻；這是屬於我的房子，我是女主人了，人生簡直不能更美好！入住的第一天我起了個大早，在廚房煮咖啡，就像前屋主那樣打開窗戶，讓絲棉樹枝枒伸入屋中。一件神奇的事發生了——一隻松鼠（日後我和女兒尊稱牠「松鼠先生」）跳上了鐵窗，坐在窗臺上，彷彿要登門作客的樣子。我驚喜之餘，胡思亂想著該不該端杯茶給牠。對我來說，松鼠先生的來訪是歡迎我們搬進來的好兆頭。

接下來幾年，我們陸陸續續為家裡添了些裝飾，重新裝修了浴室和衣櫥，廚房也換了些新東西。來我們家的客人，人人都誇光線好、空間足。

我們常常在家放音樂，敞開窗讓聖塔莫尼卡的海風吹拂過客廳，三不五時在家裡辦晚餐聚會。

這恍如香格里拉的天堂，怎麼會在轉眼間變成了亂七八糟的垃圾場呢？除了多了兩個小孩，我們唯一的變化，是我們的心態變糟了。

做了這番反省之後，我的想法有了改變，我決心試圖重新愛上自己的家。養了兩個孩子和一隻狗，我們覺得公寓房子最大的缺點就是沒有後院，孩子們沒地方活動。這確實是一大難題，但我決定換個角度想。我跟外子說，聯排住宅的空間算是很大了，換作是紐約、巴黎或是他的家鄉倫敦，這樣子的聯排住宅搶手得很，只有富翁才住得起（為了說服他，這話說得有點誇張了）。想當初我在巴黎十六區和一家貴族住在公寓，人家五個孩子都住得下！人家行，我們為什麼不行？

我們的心態起了變化後，開始動腦筋一一改善家中的缺點。原本擋在門口的雙人嬰兒推車移到門廳第二個樓梯平臺，這樣一來既不擋路，又方便我們推出去，出入一路暢通。

沒有花園，我便把心思花在露臺上的植物，讓女兒們一起幫忙打理。我們跑了幾趟花市，戴上園藝手套和遮陽帽，學著幫花花草草修剪枝葉、澆水和施肥，甚至從花市買了幾隻瓢蟲放到盆栽上，當作天然的殺蟲劑（是不是有種「作戲做全套」的態度）。我們的露臺變得欣欣向榮，陽臺和窗臺上的天竺葵也是一片花枝招展。我還在廚房窗臺上種了一些香草，一開窗，香氣迎風而來，做料理的時候順手一摘就能用。總而言之，即使沒有戶外花園空間，還是能體驗蒔花弄草的樂趣。我們甚至打算明年用集裝箱種點蔬菜試試呢。

2BHK

表姊克莉絲蒂最近去印度出了一趟差，去採訪印度女性的居家狀況，發現她們絕大多數都和一大群家人同住在只有一間臥房的小公寓。表姊說，印度女人們很嚮往「2BHK」的房型，這個英文縮寫代表兩間臥房、一個大廳和一個廚房。對許多印度女人來說，有了「2BHK」就算是美夢成真了。我聽了非常驚訝。我家別提有2BHK，還多了一個客廳、一間書房、一個露臺、一個陽臺，還有個洗衣機／烘衣機室。相比之下，我還有什麼好抱怨的？我當時覺得自己實在該心懷感激，好好檢討一下自己的心態。

歸根究柢，我們有所不滿在於心態不正。我們可以繼續懷抱夢想，努力換一間更大的房子再加上一個花園，可是在現實狀況還不允許前，也不必浪費生命自怨自艾。我們擁有的其實很多，知足惜福，方能長樂。

參觀自己的家

不論你住在宿舍，或是買來或租來的房子，如果你不喜歡自己的家，現在該學著重新珍惜它了。試著從客觀的角度比較一下，你嫌棄的房子可能比上不足，比下有餘。世界上還有很多人更不幸。想想你的住家有哪些值得慶幸的優點，轉個念頭，心胸寬闊，天地就寬闊了。

回想一下，你第一次看到現在住的房子時做了什麼。你的注意力可能放在房子的建築結構、窗外灑進來的陽光，以及高高的天花板。你只看到優點，所以心滿意足決定搬進來。記著當時的感動，再從頭審視一次自己的房子吧。從玄關開始，留意房子所有的優點。做這個練習有兩個效果，其一是你會回想起當初喜歡房子的哪些地方，其二是你可能會發現被忽略的空間。

你越愛自己的家，越有心情照顧它，你的生活習慣也會發生奇蹟的改變。臥房裡堆了好幾天的衣服變得很礙眼，你會忍不住整理乾淨；壁爐上的雜物你會找地方收起來，換上有特殊意義的漂亮擺飾。你會養成習慣，熱情地打理家居，而你的付出會收穫最棒的回報——一個值得自傲的家。

找到做家事的動力

是不是覺得一下子要做那麼多家事，有點吃不消？我懂。畢竟空閒時間有限，要把家裡整理出個樣子，顯然是個艱鉅的任務。別灰心，人是可以改變的。知名音樂劇《金粉世界》（Gigi）裡，偉大的艾莉西亞阿姨發過這樣一句豪語：「如果我行，你也行。」話雖如此，我也沒辦法一天之內搖身變成家事大師，我自己也還在摸索努力的路上。幸運的是，這個努力的過程對我來說很有趣。

先來思考幾個問題吧！你能夠毫無壓力地請客人來家裡玩嗎？如果有老朋友不期而至，你會開心接待對方，還是會因為客廳裡丟得到處都是的髒衣服而懊惱不已？你可以臨時起意地安心請朋友來過夜嗎？又或者，你不在家的時候，你可以毫不猶豫地讓朋友到你家借住，抑或如臨大敵？

對「時尚家庭」來說，請別人到家裡玩，完全不是什麼問題，因為他們把自己家當作旅館來管理，根本不需要慌慌張張地把雜物藏起來，臨時抱佛腳來個緊急掃除。家裡的所有東西都各有歸處，不佔空間，清潔起來不必多費工夫。「時尚夫人」做起家事按部就班，沒有一件事拖延，所以每週的固定家事從來都很順利。更別忘了，「時尚家庭」每週至少在家辦一次晚宴。要不是他們家永遠整齊乾淨，怎能如此輕鬆？

我和外子每年都會回一趟英國看望他的家人。有一次我們遇到了他的老同學，對方說幾天後要和朋友同去加州。外子聽了便慨然把我們在加州的房子讓他們借住，完全沒發現我在旁邊嚇得心臟一緊，滿腦子都是我們家不太整潔（這個形容可能稍嫌含蓄）。我和先生還要在英國多留幾天，沒辦法和他們同行。我來不及回家收拾，讓別人住，壓力很大啊！

我們出國的時候走得匆忙，家裡一團亂。客房的床單不知道多久沒換洗了，還得叫他們自己動手換。放寢具的櫃子不知道亂不亂？還有哪些東西見不得人？浴室會不會太髒？天啊！越想越可怕，他們一定會發現我們過得多邋遢。

外子的老同學那趟加州行很愉快。我知道他們有地方住就很高興了，並不會在意我們家有多亂，但是經過這個刺激（當時我還沒學會培養「內心平靜」），我有了動力，回家後一定要把家裡收拾好。

如果你缺乏動力，需要類似的刺激，不妨邀請朋友來家裡過夜，或是在家裡辦派對。為了讓朋友看到最好的一面，你自然有動力把家裡不好的地方統統改進。

心態也需要調整：有朋友來是值得興奮的事情，你的努力是為了讓朋友賓至如歸，而不是害怕丟臉。這麼一想，下次當你把客用浴室的地板擦乾淨時，只會因為朋友用起來更舒適而開心，而不會擔心人家嫌棄牆壁上有灰塵。心動就馬上行動！快邀請朋友來過夜，有了期限，你更有動力把家裡收拾妥當。千萬記住：不用擔心自己做得不夠好，光是你的誠心就足以感動你的朋友了。放輕鬆，開開心心地準備迎接客人吧。

〈時尚的做家事動力祕訣〉

- 一邊聽音樂，一邊打掃收拾。音樂能讓你做起家事更有活力。
- 聽有聲書。有聲書的長度有好幾個小時，足夠你做完許多家事，順便聽完一個有趣的故事。
- 計時打掃。計算你做完家事需要用多少時間。按下碼表再開工，別忘了放音樂。
- 觀賞成果。看到家裡窗明几淨，你會更想要維持現狀。不要半途而廢！

鉅細靡遺

如果怕家務有所遺漏，可以預設有客人來訪時，該做哪些準備。比方要舉辦家庭晚宴，可能要把雜物收起來，撢掉家具表面的灰塵，然後把化妝室美化一番等等。這個假想活動的所有事前準備功夫，就是你往後定期該做的家事，才能隨時接待臨時來訪的賓客。你可以把晚宴前的準備事項列入每週待辦的家事清單，等你習慣照表操課完成這份清單上的工作，恭喜你，你升級了！鄰居突然來喝杯茶，或是艾莉西亞姨婆週末要來過夜，都不必臨時抱佛腳了！

〈化妝室檢查清單〉

化妝室是居家待客的重要地盤，永遠保持乾淨整潔乃是上上之策。化妝室的功用單純，要保持乾淨一點都不難。不要堆放雜物、馬桶和洗手檯隨手清乾淨、擦手毛巾定時更換。添上奢侈一點的洗手皂、空氣清新劑、一小瓶鮮花。面紙和衛生紙常備充足。裝飾也可以花點心思，試著搭配壁紙、特別的壁燈或藝術品。一個小小的化妝室可以展現出你的居家品味，讓你的客人留下好印象。

家事幫手

來評估一下你有哪些家事幫手吧！你家有請家務助理嗎？有會幫忙做家事的家人或室友嗎？還是你一個人住，全部只能靠自己？一個人住也有好處，起碼不必收拾別人的殘局，要建立新的習慣也更容易。如果你的家人現在不幫忙家事，你應該讓他們開始參與。如果孩子年紀夠大，那就放心地分派工作吧！學習做家事永遠不嫌早。同理也適用於你的另一半。家是全家人的，沒必要把全部的家事都壓在自己身上。你可以開個家庭會議，準備一些蛋糕和紅茶讓氣氛更輕鬆和睦，大家討論好每個家庭成員該負責哪些家事。

如果你有家務助理，請務必詳細解釋你的要求。即使你的家務助理每兩週才來一次，最好還是讓對方知道該做好哪些事。知名室內設計師麗塔．柯尼希（Rita Konig）在她的書《居家樂趣》（Domestic Bliss）中寫道：「辦公室雇了新員工，你總不可能在人家第一天到職時只介紹辦公桌、茶水間和廁所在哪裡，其他什麼都不教吧。家裡雇了人的道理也是一樣。」總之，如果有雇人來家裡打掃，請把該做的事說清楚，給予適當的就職訓練。畢竟你付了錢，沒什麼不好意思的。

系統化管理

檢查你每週的固定行程，然後把家事分配到最方便的時段。配合生活調整家務，而不是配合家務調整生活。家人同聚的時候，不要安排太多家事，免得錯過聯絡感情的難得機會。想像自己是旅館經理，然後幫家人分配工作吧。運作順利的家事時間表務必堅持照著做，效率才會高。

〔清潔時間表範例〕

週一・洗衣服（深色和貼身衣物）、除塵、吸地板、擦地板、清空所有垃圾

週二・洗衣服（白色衣物和毛巾）、燙衣服、浴室清潔

週三・除塵、吸地板、擦窗戶、更換小孩床單

週四・廚房細部清潔、清空所有垃圾

週五・更換主臥室床單、除塵、吸地板

這份一週清潔時間表只是個簡單的範例。如你所見，除了週末之外，每一天只要做一點點家事就好。你的時間表大概不太一樣，比如你或許會想把家事集中在兩天內做完。容我重申一次，家事不一定全部都得自己來，分工合作才是最佳做法。例如讓家裡的小孩清垃圾，撢撢自己房間的灰塵，

或雇用隔壁家的青少年幫忙燙衣服。我們家的清潔時間表就貼在清潔用品收納櫃門的內側，這樣不論誰要做家事，立刻就知道當天要做什麼。

不用多說，有些家事是每天都要做的，包括洗碗、廚房與客廳的大致整理、鋪床和維持浴室清潔。如果還能定時把家事時間表上的工作做好，這些日常工作會更容易、省時。

上班族的清潔時間表

每天得出門工作的上班族，還是得做完前一頁清潔時間表上的所有家事，不過在時間安排上可以多發揮創意。試著在忙碌的工作日安插一些家事，美好的星期六午後就不必全耗在打掃上了。工作那麼辛苦，假日更應該好好休息。如果你能堅持照著時間表做好固定的家事，不要拖延，習慣成自然就不辛苦。

值得再次強調的是，廚房應該每天睡前清乾淨。冰箱與微波爐內外、廚房地板等廚房清潔細項，最好也要列入每週一次的清潔計畫：

- **週日**：清空所有垃圾，燙好接下來一週要穿的衣服。
- **週一**：洗衣服。起床後，把貼身衣物放入洗衣機，洗好後晾乾。接著將另一批衣物放入洗衣機，等下班回家後，把濕衣服放入乾衣機烘乾。如果還有其他衣服要洗，再用一次洗衣機。烘乾好的衣物取出疊好。打掃廚房地板和門口。
- **週二**：對白色衣物重複上班前洗衣、下班後烘乾折疊的步驟。早上沖澡之前，擦拭浴室各處，清潔浴缸和馬桶，拖浴室地板。
- **週三**：上班前用吸塵器吸客廳地毯（回家時會有漂亮的地毯迎接你！）把小孩的床單放入洗衣機，為他們鋪上新床單（如果孩子年紀夠大就讓他們自己來）。用微濕的抹布擦拭客廳的灰塵。
- **週四**：上班前把毛巾和浴墊拿去洗，回家後晾乾。晚上清理客用浴室／化妝室，擦拭灰塵。仔細清潔廚房。
- **週五**：上班前把主臥房床單拿去洗，回家後放入乾衣機烘乾。寢具至少要有兩套方便換洗（記得先讓床墊通風二十分鐘後，再鋪上新的床單）。這樣等你辛苦工作一整天，回家就可以睡在乾淨舒適的床上了。早上順便清理臥室，擦拭灰塵。

‧每隔一個週六：洗窗戶。

上班族要安排好家事，關鍵在於分工合作。比方說，先生負責浴室和吸塵，太太負責洗衣服和每日廚房清潔，小孩則幫忙擦灰塵和倒垃圾，一家人分頭進行更有效率。

﹝時尚的室內植物﹞

‧蘭花‧

如果懂得照顧，蘭花是非常理想的室內植物。這種帶著東方情調的花朵，香氣可以持續好幾個月，為居家營造雅緻的氣氛。蘭花適合放在日照充足，但不會直接曬到陽光的地方。每週澆一次水，但是讓花盆的水慢慢瀝乾，以免泡水太久使根部爛掉。我買蘭花時會留下原本的塑膠花盆，直接放入另一個漂亮的花盆中，然後每週一次把塑膠花盆移出來澆水，另外，每兩週一次在澆花水中添加蘭花專用肥料，讓花朵更健康。澆花水瀝乾後，再把塑膠花盆放回漂亮花盆。還有一種更省事的澆花方法，就是每週一次放兩個冰塊在蘭花盆底的苔癬或樹皮上。蘭花花瓣凋謝後，別放著不管。請繼續澆水照顧它，修剪枯掉的枝葉，過幾個月它就會再次開出美麗的花。

• 非洲菫 •

非洲菫是最好養的室內植物之一，照顧方法很簡單。我的祖父母喜歡非洲菫，家裡四處都是，因此看到它就讓我回想起童年。非洲菫有著可愛的小花瓣，全年開花，放在任何室內空間都很迷人。根據我的經驗，要讓它開得久一點，最好買非洲菫專用花盆。千萬不要讓葉子沾到水，不然會形成棕斑。正確的方法是從根部加水，先將非洲菫專用花盆的盆底加水至四分之三滿，再把花苗插入花盆上半部的花盆孔，然後組合花盆上下部。花盆不要放在陽光直曬的地方。每兩週檢查一次水位，適時更換新鮮的水。如果想讓花開得更好，可以在水中加幾滴非洲菫專用肥料。

• 蕨類植物 •

要在採光不佳的房間放盆栽，蕨類植物是最佳選擇。蕨類盆栽在英國的維多利亞時代大為流行，因為當時的人們相信，蕨類植物可以治療瘋病和提升戀愛運。蕨類植物還有一種史前時代氣息（像是會出現在恐龍世界）。蕨類喜濕，要定期噴點水上去。土壤保持濕潤，但別讓根部泡爛。記得每個月施肥一次，但不要太多。

家事安排妥當、運作順利之後，接下來可以開始講究做家事的細節了。你的家是一間藝廊，它反映出身為館長的你的風格和品味。早上換衣服的時候，你會按照造型挑選耳環和鞋子等小配件。你的家也是一樣，從毛巾怎麼摺疊到寢具怎麼鋪設，都是需要費心的小細節。有些人可能會覺得，誰有那麼多時間考慮這些枝微末節。但我相信，只要擬妥家事時間表並嚴格執行，長期下來就能空出時間，行有餘力地講究居家美學，創造怡人心神的居住環境。

簡單的幸福就是這麼來的。這些看似微不足道的小事，其實能為生活帶來大大的樂趣。從做家事的細節獲得樂趣，為自己的成果自豪，你就不會再嫌做家事無聊煩人了。

懂得講究家事細節，還能幫助你成為生活行家；家裡的每一件東西都透著親切有趣，你無一不熟悉精通，而且家人也會有所感覺。等到孩子長大離家，他們會留戀這些生活細節，在自己成家後傳承下去。他們還會希望能跟你一樣，經營出具有個人特色又值得回憶的家居生活。

〔毛巾摺法〕

關於做家事的細節，我想跟大家分享一個有趣的例子。我現在的毛巾摺法是跟英國電視節目主持人安西婭．特納（Anthea Turner）學的。拜託，在我說完前先別急著笑。外子後來也有感而發：「一經比較，高下立見。」等你學會這個摺法，也會跟我一樣「回不去了」。

我要推薦的毛巾摺法如下：把毛巾鋪平後，長邊左右各往內摺，摺為原寬度的三分之一，上下兩端再往內摺成一半，然後對摺疊好。這樣摺好的毛巾看起來會很鬆軟。放入毛巾櫃時，記得把摺口邊朝向後側，對摺邊朝外。當你下次打開毛巾櫃門時，就會看到一整疊整齊的毛巾，像五星級飯店一樣高級。這個方法不會比亂疊亂塞多花時間，而且更好拿也更不容易弄亂。做什麼事都要找到方法啊！

做家事不是比賽

先試著每天花一個小時來整理家裡，順便活動活動筋骨吧。家事可以慢慢做，不必慌張，這並不是比賽。調整心情，把每一件家事都當作「Joie de vivre」（生活之樂），別想成是在做工，而是趁這個機會珍惜你擁有的一切，惜物愛物。美國思想家愛默生（Ralph Waldo Emerson）曾說過：「人生是一場旅行，重要的不是目的地，而是沿途的風景。」做家事的快樂，不只在於家裡變乾淨的這個結果。你可能永遠都覺得有哪裡不夠整潔完美。生活起居會不斷留下痕跡，你需要不時照顧愛護你的家。就從現在開始學會享受做家事的過程吧！不同的家事有不同的樂趣，全都值得你用心以對。

從衣櫥挖出上百件衣服，動手整理無止境的衣服小山，這很有趣！把客廳換個樣子，夫妻倆汗流浹背一起搬移家具，這也很有趣！好不容易洗完流理臺裡堆了一整天的髒碗盤，開心！要不然該怎麼樣呢？覺得自己可憐？浪費時間沉浸於悲慘的情緒裡，還不如跟我一起踏上這趟刺激的旅程，從閱讀這本書開始，邁向新的生活。

做家事不是比賽。重要的不是結果，而是每一個步驟的樂趣。各位親愛的讀者，一起來享受做家事的樂趣吧！生命就該浪費在美好的事物上，家事當然也包括其中。

Lesson

3

亂堆東西

CLUTTER

亂堆東西（心理和生理）

亂堆東西是壞習慣。我們心裡明明知道，卻拖延懶得整理。每天都想著明天再收拾，暫時放著沒關係。久而久之，幾天變成幾週，幾週延長成幾個月，最後根深柢固，永遠留在那裡礙眼。

不知不覺之間，家裡東一堆，西一堆：分類到一半的郵件、要拿去回收的舊衣服、各種剪貼簿文具、留著製作願景板圖片的舊雜誌（不要否認）、亂七八糟吸成一團的磁鐵，還有五花八門數之不盡的小東西。

每看一眼，你就想起該把它

們收起來，心裡甚至微微有些自責。你向自己發誓等一下就弄，可是一閒下來，你就累得不想動，做什麼都比整理那些東西有趣。於是你泡了一杯茶，看了一會兒電視，最終忘個一乾二淨，不了了之。哎呀，算了，改天再收吧。

我可不是在危言聳聽，這千真萬確是我的經驗之談。我算是善於收納整理的人，也很小心不要堆積雜物……呃，大部分的雜物。我敢說，我家裡百分之八十的雜物各有歸處。我嚴格遵守我發明的「反雜亂」辦法，家裡的「熱點」和「靜水區」（這兩個名詞我稍後解釋）保持淨空。儘管如此努力，我家還是有些地方沒辦法不堆東西，追根究柢，原因藏在我的內心深處，我相信很多人也有同樣的問題。

如同聖塔莫尼卡所有焦慮的家庭主婦會做的事，我跑去請教了風水師！我朋友妮可恰巧懂得風水，一番長談後，她告訴我，亂堆東西的習慣大多出於「稀缺性心理」（scarcity mindset）——害怕壞事發生而捨不得丟掉東西的潛意識。經過自我催眠，我們相信身外物都有其必要性，於是在心理上和生理上產生了依賴。

妮可說中了。其實我多多少少也有些自覺。我總擔心丟掉的東西萬一以後又用得到怎麼辦。不只如此，我還有所謂的「露宿街頭流浪婦女症狀」（bag-lady syndrome）。天有不測風雲，眼前的平靜可能只是暴風雨前的寧靜。不怕一萬，就怕萬一。意外發生時，這些東西說不定就能派上用場。

我常說，覺悟是第一步。意識到自己的「稀缺性心理」後，我知道了自己為什麼不喜歡丟東西。但真相是，我們擁有的遠多於我們需要的。察覺到自己潛意識的負面想法後，家裡到處亂堆的東西，我再也不能視若無睹。我把這些雜物視為挑戰，勇敢面對它們。我能夠持之以恆戰勝它們，你也辦得到。

在力所能及的範圍內，每天固定花一段時間，帶著幹勁清除雜亂吧。每天花個十五分鐘也不錯，花上一個小時更好。如果不想限定多少時間，也可以一天清一堆。等你養成習慣後，你的火眼金睛會讓任何雜亂之處再也無法遁形。

熱點

我的「反雜亂」辦法第一條規章：無論如何，熱點一律保持淨空。「熱點」指的是家裡容易堆積雜物的地方，大多是生活起居必經之處。我家的熱點包括餐桌、樓梯、玄關桌，以及床尾的長凳。每個人家裡的熱點各有不同。

事情都是這樣的：你帶著孩子出去了一整天，回到家只想卸下手上的包包、郵件、墨鏡和電子書閱讀器，於是第一個能放東西的地方，就是你的卸貨之處——玄關桌。東西放下後，你得幫孩子洗手，卸掉狗狗的項圈，一忙就分了心。噢，對了，你還有幫兇。從學校帶回來的美術作品、路上撿的小石頭，孩子們也順手放到桌上了。午後你先生打了高爾夫球回來，又在玄關桌上留下一把高爾夫球釘、收據、零錢，再加上一頂高爾夫球帽。好啦，原本空無一物的玄關桌面，現在被埋在包包、高爾夫球用具、圖畫紙和石頭底下了……唉！

其實只要做好玄關收納，這些雜物幾乎都能收拾乾淨。玄關櫃裡加一個架子放包包；牆壁上釘一個鑰匙掛勾；角落放一個帽架；擺一張專門拿來展示美術作品的桌子。花個幾秒鐘把東西物歸原處，玄關就變得清清爽爽的了。

在我們忙碌的日常生活中，還有一些地方容易臨時堆放雜物。比方說，我家餐廳不只是餐廳，還兼作客廳和遊戲室，於是乎，諸如書本、髮夾、防曬乳、兒童牙刷（我自己知道很誇張）、收據、文件、狗餅乾、空杯子……各式各樣奇奇怪怪的東西都會出現在餐桌上。

我曾經見怪不怪，自我安慰除了隨機出沒的空杯子和紙張，其他都不是我的。別人亂丟東西，我也沒辦法。可是，當我重新愛上我的家之後，堆放在熱點的雜物，就像精心做好的指甲斷了一角那樣美中不足。「時尚夫人」要是看到了我的餐桌，大概會目瞪口呆吧。在「時尚夫人」的家中，每一件家具都有專門的用途，餐桌只能用來放食物、鮮花、蠟燭和餐具，其他與用餐無關的東西，絕不可能遺留在餐桌上。

現在，我一天會清理餐桌好幾次。每當我經過看到任何不該出現的東西，就會順手拿去收好。這樣做確實沒完沒了，可是要保持熱點乾淨，別無他法。

日積月累，神奇的事發生了。我越勤勞的收拾餐桌，餐桌上的雜物就越來越少。外子開始將他的東西放到他專用的收納碗裡（我特地準備了一個柳景圖案的古董碗，讓他放零錢、皮夾、高爾夫球等雜物，上面還蓋了一塊古典亞麻枕套，把這些雜七雜八的藏起來，眼不見為淨）。外子從幫兒加入了幫手行列。女兒們有了乾淨的餐桌，她們長大後也會養成習慣，不會亂放私人物品。先從熱點做起，你會發現漣漪效應的神奇效果。

坐而言不如起而行。現在立刻去看看你的熱點堆了什麼東西吧！想必也是五花八門吧。如果你家裡有小孩子，出現的東西可能會更莫名其妙，讓你又好氣又好笑。認真起來，現在開始清除熱點的雜物，今天、明天、後天也一直持續下去。沒錯，這是長期抗戰，但是我保證以後會越來越輕鬆，因為東西會越變越少。

養成隨手清理熱點雜物的生活好習慣，你就不再覺得這是麻煩的家事。從遊戲室到客廳（在我家只有幾步路而已），就可以把釣魚船磁鐵玩具撿起來，放回它原本的地方。別擔心你的孩子因此學不會自己收拾，他們其實會有樣學樣。

靜水區

「靜水區」指的是家裡不會擋路，但容易堆東西的地方。如果你讀過前一本書《向巴黎夫人學品味》，應該已經知道我有多熱衷於整理衣櫥和回收舊衣。每一季我都會檢閱所有的衣物，淘汰一些捐給慈善機構。我的梳妝臺底下放著一個黑色垃圾袋，用來裝打算送給美國非營利組織「善意企業」（Goodwill）的舊衣服。我叫外子把他想捐的舊衣服也裝進來，但他不像我那樣一鼓作氣，而是三天兩頭才丟出一件衣服到袋子裡。我看到了就想順便檢查一下小孩的衣服，結果這個黑色袋子越來越滿，一個多月過去了，還在臥室的梳妝臺底下待著。

靜水區不在起居動線內，反而容易被忽略。可是這些地方東西要是堆太多，麻煩並不比熱點少。靜水區的雜亂會造成視覺壓迫感，但不是每天沒事就會想到，於是我們自然就麻木了，覺得無所謂。

現在來巡視一下你家裡的靜水區吧，或許它們是你沒想到的地方。如果家裡有小孩，壁爐臺或書架這些平常不會碰的位置都很有可能。你只是把東西「暫時」擱一會兒，誰知道後來就忘記了。沒多久，溫度計、肥皂瓶、紙牌和 iPad 竟然都在壁爐臺上。真是太不時尚了！

靜水區也可能潛藏在抽屜裡。我們總有一兩個抽屜放些沒用的東西，但最好還是整理一下。你可以拿舊的文具盒或名片盒之類的空盒，做幾個簡單的隔間。不必花錢買收納盒，利用家裡有的東西，就能把抽屜整理好。

目標設定一天（或一個月）整理一個抽屜。你或許想知道我家的抽屜是不是全部都很整齊，我得說並不是，但起碼不像垃圾堆。即使是放廢棄物的抽屜，也可以井井有條，賞心悅目。

如同對待家裡的熱點，勤加收拾靜水區一段時間後，你會發現家裡的雜物堆漸漸絕跡。

PART

2

日常行程

LES ROUTINES DE LA JOURNÉE

Lesson 4

早晨之樂

THE PLEASURES OF THE MORNING

有一天，我在聖塔莫尼卡的 Caffe Luxxe 咖啡店（我也常到那裡寫作）門口排隊，前面排了四個女人，沒想到發生一件趣事，讓我發現她們都很幽默（順便告訴各位，觀察路人為我的生活帶來無窮樂趣）。話說當時排在隊伍最前面的女人點了餡餅，櫃台後的男店員跟她確認餐點內容，問了一句大概是「要不要加起司」的話。她沒聽清楚，以為他問的是：「有什麼基本需求嗎？」

她似乎有點嚇到，茫然地重複：「我有什麼基本需求？」她很認真的想了一下，瞬間一陣安靜，過了幾秒，在場六個人（包括那位店員）全都忍不住爆笑出聲。想像一下，早上不到九點，在一個公眾場合被陌生人問這麼私人的問題，感覺多麼詭異啊。排在我前面的女人還接了口：「我的基本需求是食物、水和房子」。大家更是笑得不可收拾，我笑到眼淚都流出來了。我很開心能夠在展開新的一天前，和一群陌生人分享一個出奇不意的小玩笑。融入人群，共同參與一件事的感覺多麼美妙，就算是素不相識的人，那種心情相通的妙趣也不減分毫。人生有趣的地方就在這裡。沒想到我可以在一天的第一杯咖啡之前，經歷這樣的奇遇。每天早上，我們都應該期待這樣的機遇來臨（不喜歡早起的人也請別放棄）。即使你覺得自己過去三十年來的每一天早上都過得一成不變，但你永遠不知道今天會發生什麼事。你期待什麼樣的早晨呢？

我期待起床後拉開窗簾，看看天色怎麼樣。我就是那種會和植物說話的怪人，所以會和家裡的玫瑰叢、茉莉、天竺葵道個早安「Bonjour」，然後看看要不要澆水。有人睡過的房間我會一一開窗通風，還有客廳和廚房，我也會開窗迎入清晨涼爽的海風。

一起床聞到剛煮好的咖啡或茶的香氣，啜飲一口，是很多人的早晨之樂。和早起的家人道早安（尤其是自己的孩子），更是讓人心頭暖洋洋的時刻。外子通常比我晚一點起床，而我總喜歡吵醒他；我會給他一個吻再加上一個擁抱，用朝氣蓬勃的聲音，衝著賴床的他喊早安。

我媽最喜歡在早上梳洗時看晨間新聞，我爸每天一大早（早上五點！）起床必讀《洛杉磯時報》（Los Angeles Times），在我記憶中日日如是。每個人起床後的習慣各有不同，有一套自己喜歡的流程，更能讓人開心迎接新的一天。

我好像講得太快了，起床後有很多樂趣，但在此之前，應該先聊聊起床這件事。

起床

早上起床的方式，會影響你一天的心情。相信大家都有過起床氣。我讀高中的時候，每天早上五點就得起床，好參加早自習的樂隊練習。我那時候用的鬧鐘鈴聲非常可怕，咿咿咿如魔音穿腦，但我竟然一用好幾年，後來才總算換了個西藏鐘鈴聲的鬧鐘。新鬧鐘的鈴聲舒緩多了，由弱漸強的音量也很適當。

自從有了兩個女兒後，我告別了鬧鐘，因為早上六點一聽到她們的吵鬧聲，我就會自動醒來，打著哈欠拿起手機看時間，瀏覽一下電子郵件或讀幾條CNN新聞摘要，這些都在我醒來五分鐘內完成。半夢半醒之間，我的腦袋已經塞滿了工作事項、命案和戰爭新聞，以及各式各樣的廣告。在漸漸響起的西藏鐘聲中慵懶地下床，彷彿如前塵往事般難以記憶。有了孩子後，我喪失了賴床的權利，可是一醒來就查看電子郵件，身體也根本來不及甦醒。

清醒應該要慢慢來才對。先不要動，平靜地準備開始新的一天。躺在床上做幾個深呼吸，要是能伸展一下身體更好，例如試著用手碰腳趾三十秒。我喜歡坐在地板上，深呼吸彎腰，雙腿伸直，以手碰腳趾，感覺後頸的筋充分被拉開。還有一組伸展動作也不錯，同樣坐在地板上，一條腿彎曲跨過另一條腿，彎下腰，盡可能讓雙手和額頭碰到地板，然後深呼吸，換條腿彎曲，再重複一次這個動作。這些深呼吸伸展操就像清口菜，能幫助你從睡眠狀態順利切換到清醒狀態。

做完伸展操之後，你可以走出家門或打開窗，呼吸幾口新鮮的戶外空氣。想一個「肯定句」重複說三次。穿上軟綿綿的睡袍和暖呼呼的拖鞋，感覺一下那種舒服的質感。總之，做一些事情來提醒自己已經清醒了。

肯定句

「肯定句」是充滿正面能量用來激勵自己的話語。多說肯定句後，我發現生活品質有顯著提升。肯定句就像是幫助你實現心願的願景板，只不過是化為口語能了。要做重要的事之前，感覺困難時（例如起床的前一刻），對自己說些肯定句特別有效。

要大聲說出肯定句，首先得拋開羞恥心，但你不必真的說出來，用想的也可以，不然你慷慨激昂地連說三次「我頭好壯壯手腳勤快」，你的另一半可能會以為你瘋了。

雖然不是天天，但我很常對自己說些肯定句。只要我覺得疲倦，或因接著十二小時要看顧孩子、打掃房子、處理公事而絕望不已，就會對自己說「我充滿精神，今天也做得到！」來給自己打氣。

剛睜開眼睛，你的腦袋可能立刻就告訴你自己好累，無法面對今天，或是一醒來就想起工作上正醞釀的麻煩，讓你如臨大敵，還沒發生就壞了一整天的心情，或是想到自己還是過胖，嫌棄自己不夠漂亮。

想必大家都有過這種經驗。

如果我們能如此深信這些壞念頭，為什麼不能反過來相信好念頭呢？誰說你今天撐不下去？誰說你不夠漂亮？誰說工作上出了一個問題就會毀了你一整個禮拜？說穿了，這全是心態問題。只要你抱持正面態度，相信事在人為，你心底的黑暗就會重見光明。

〔充滿正面能量的肯定句〕

我充滿活力，健康有勁。

我閃閃動人。

我是冷靜又有耐心的父母。

我今天不在意小事。

我今天要把家弄漂亮。

我今天要吃健康的食物。

我的家是我的避難所。

我現在游刃有餘。

我的創意有建樹。

我能優雅面對任何狀況。

不論今天發生什麼事，我都要培養內心平靜。

我能改變世界。

一切都很好。

肯定句當然不只這些，這裡僅列舉幾個例子。試想一下，如果能在早上六點告訴自己，相信自己可以改變世界，那有多麼激勵人心啊！

不習慣說肯定句的人，剛開始可能會覺得好笑，但只要堅持下去，相信我，你每天起床原本陰魂不散的壞念頭將會消失無蹤。這是變時尚的祕訣。還記得先前提到的難以言傳的優雅「je ne sais quoi」嗎？其中就包含正面的心態。時尚的人擁有這種特質，他們有點像是活在自己的世界，拒絕任何負面的想法，因此不容易神經緊張。這樣的自信自在，是他們神采奕奕的祕密。

〔適合早晨的蠟燭〕

早上起床後，可以點上味道清新的蠟燭，喚醒自己的嗅覺，帶著好心情開始新的一天。早晨我喜歡用花香或果香味的蠟燭，像是：

- 玫瑰
- 晚香玉
- 葡萄柚
- 梔子花
- 萊姆
- 紫羅蘭
- 檸檬馬鞭草

何時起床

如果你每天早上都很匆忙，或許該早一點起床做準備。怕太早起不來，晚上提前睡就行了。這是很簡單的數學。先算出你早上幾點起床才來得及，再扣掉你需要的睡眠時間（一般是八小時），就能得出你該上床睡覺的時間了。

每個人早上要做的準備各有不同。剛醒來的時候，最好先安靜一會兒別動，因為這是心懷感恩的好時機。稍後我會在書中多加說明感恩的重要性。我每天雷打不動，醒來後一定會說一句感謝的禱告詞。「謝謝」是我上床睡覺前說的最後一句話，也是我起床後說的第一句話。禱告不是一種形式，必須真心實意這麼想才有用。懂得感謝，你的心會真正充滿了愛。再黑暗的時刻，一定也會有值得感謝的事情。

現在我的孩子大了，好不容易熬過家有嬰兒的無眠時期，我的起床時間大約比其他家人早個四十五分鐘。我可以不慌不忙，優雅地慢慢做準備。我會先躺在床上五分鐘，想想今天要做什麼事，然後花十五分鐘冥想。如果有什麼事情需要給自己加油，我會對自己說些肯定句。做完一兩個伸展操後，我會起身走去打開露臺的大門，幫植物澆水，回來再喝一大杯白開水。

這四十五分鐘還包括我的梳洗打扮時間。我很重視自己的儀表，我會在浴室洗個澡，化好裸妝（後面再詳細說明），挑選要穿的衣服。不過有時候女兒較早起床，我就會直接穿著睡袍去廚房做早餐。總之順序可以隨機應變。

早晨用品收納

早上你會用到哪些東西？咖啡？糖包？烤吐司機？狗繩？當你要取用這些東西時，順不順手？早晨固定會用到的東西，應該安排在合理的地方，用完隨手放回去，這樣就不必多花時間尋找和取用了。

如果你早上的例行工作有任何環節不順，可能是東西放錯了位置。比方說，煮一杯咖啡如果要挪動四個位置（咖啡機，餐具抽屜、冰箱和糖罐櫃子），你應該把這些東西盡可能放在附近，這樣既方便又有效率。麵包箱可以放在烤吐司機旁邊；狗繩可以掛在大衣架子旁邊。東西的擺放位置，事後越容易收拾越好，別讓狗繩不小心掉進拖鞋籃，或是牛奶忘記放入冰箱而被打翻。

　　養成物歸原處的習慣很重要。隨手放回去，晚上就不必多花時間到處收拾，造成額外的家事負擔。這是我的經驗之談。

{早晨專輯}

《Les invités》：Accordéon Mélancolique 樂團：Sterkenburg Records 唱片：2008 年發行。

在法國古典音樂中甦醒，感覺就像置身巴黎。

《Kreisler Plays Kreisler》：查爾斯・奧康奈爾（Charles O'Connell）、唐納德・沃里斯（Donald Voorhees）、維克多交響樂團（Victor Symphony Orchestra）與卡爾・勞森（Carl Lamson）：BMG 唱片：1997 年發行。

做早餐的時候聽這張古典小提琴專輯，餐點似乎變得更精緻。

《Bach for Breakfast : The Leisure Way to Start Your Day》（合輯）：Philips 唱片：1995 年發行。

在巴哈的伴奏下享用早餐，以悠閒的曲調營造一天美好的心情。

《Cabo Verde》，亞莎莉亞．艾芙拉（Cesária Évora），Lusafrica 唱片，1997 年發行。

輕快的森巴曲風，忙起來更有勁。

《Pierre Lapointe》，Audiogram 唱片，2004 年發行。

曲調輕揚浪漫的法國專輯，帶給你樂觀的心情和靈感。

《The Guitar Collection-Flamenco》，沙沙．羅索（Salsa Rosso），Red Sauce Records 唱片，2005 年發行。

熱情的佛朗明哥組曲，帶給你早晨的活力，動作更快速。

穿衣著裝

在前一本書《向巴黎夫人學品味》（積木文化出版）中，我曾介紹過十件精品衣櫥的概念：只要著重衣服的質感與搭配性，貴精不貴多，一個小衣櫥就夠了。如果你的衣櫥按照書中原則整理過了，只留下十件精品（或是你需要的基本單品），搭配衣服將變得很簡單。換衣服前，請務必查看天氣預報，光靠感覺是不準的。接下來，你可以挑選衣服了。因為基本單品可以互換，根本不必多費心思。

〔十件精品衣櫥範例〕

春季

- 兩件輕薄的毛衣
- 一件白色牛仔褲
- 一件棕褐色休閒褲
- 三件輕薄的針織洋裝
- 三件上衣

春季額外單品：T恤、輕薄的羊毛衫、風衣、薄夾克、西裝外套、薄圍巾、涼鞋、芭蕾平底鞋、跟鞋、首飾、墨鏡、髮飾。

夏季

- 三件上衣
- 一件白色牛仔褲
- 一件淺色丹寧褲
- 三件夏季洋裝
- 一條裙子或一件短褲

夏季額外單品：T恤、可內搭的背心、薄毛衣、薄羊毛衫、西裝外套、寬鬆的圍巾、海灘裝、涼鞋、運動鞋、皮拖鞋、跟鞋、首飾和墨鏡。

秋冬

秋天和冬天穿的衣服差不多，所以我合併來講。進入冬天時，可以把上衣和洋裝換成別的，讓搭配多點變化。如果你住的地方冬天很冷，沒辦法穿洋裝，可以改成牛仔褲和毛衣。你可以根據自己的需求來調整這份清單。

- 三件上衣
- 三件（以上）毛衣
- 一件深色丹寧褲
- 一件黑色緊身牛仔褲或黑色休閒褲
- 兩件洋裝

秋冬額外單品：T恤、毛衣（視個人需求）、牛仔褲（視個人需求）、羊毛衫、圍巾、手套、夾克、大衣、貼身襯衣、靴子、芭蕾平底鞋、跟鞋、首飾和墨鏡。

先插個話——當你選衣服的時候，心底是不是會偷偷冒出一些聲音？有時候，潛意識會阻止我們穿上自己最好的衣服。你在心裡把今天要做的事都想了一遍，發現只有要出門接送小孩，或許順便去一趟超市，然後你試著說服自己跟平常一樣穿運動服就好。穿運動服並不時髦，你就跟路人一樣。

有一次我在女兒的學校外面聽到兩個媽媽在聊天，一個媽媽對另一個穿著網球裝的媽媽說：「你等一下要去打網球嗎？」穿網球裝的媽媽回答：「沒有啊，我好幾年沒打了。剛好今天拿來穿而已。」

快點改掉這種懶得打扮的習慣吧！或許你已經習慣整天穿運動服（即使你那天根本沒有要運動），但現在你有了精品衣櫥，挑出絲質上衣和深色水洗牛仔褲，並不比拿出萊卡緊身褲和背心來得困難。如果你擔心做菜或打掃會弄髒昂貴的上衣，套一件圍裙就萬事大吉了。「時尚夫人」就是靠這一招，維持她一整天又時髦又乾淨的造型。

如果你早上總是來不及，最好在前一天晚上先把隔天要穿的衣服準備好。設計十件精品衣櫥的時候，不妨把各種搭配方式拍下來，存在手機裡，或是印出來貼在衣櫥門內側。相信我，等你將衣櫥去蕪存菁，想好幾種單品搭配方式後，再也不會有不知該穿什麼衣服的困擾了。天長日久，你將會習慣每天都穿上最好的衣服，就算沒有要去什麼特別的地方也沒關係。

在聖塔莫尼卡市，我隔壁的鄰居又一次把房子租給一家挪威人一整年。那家的媽媽也堪稱是個「時尚夫人」。我看不出她的年紀，只覺得她很漂亮，每天都穿得很好看。我甚至看過她穿洋裝騎腳踏車，偏偏看起來很自然。我們每次碰到都會聊一下，有一次聊到衣服，她說她注意到加州人的日常穿著都很休閒，而我是個有趣的例外。她還說，她發現加州人很友善隨興，或許加州人的穿衣風格，反映出這項個性特質。她的話讓我陷入了思考。沒錯，美國人以開放的心胸和友善的個性為豪。我們不古板不高傲。可是，我們的穿衣風格難道不能和我們友善的個性一樣吸引人嗎？穿得稍微正式一點，不至於就顯得我們不夠開放吧。

自在散發女人味

如果你把做家事和顧小孩當作苦差事，想必不會穿得多好看。你可能在家就穿個運動褲，或是乾脆連睡衣都不換。頭髮呢，就隨便綁個馬尾。等下要去刷馬桶，幫小孩子擦鼻涕，穿得那麼好看能幹麼！家裡有嬰兒要照顧，每天都累得要命，你越來越不在意自己的外表。一下子好幾年過去，你邋遢的樣子已經成為常態。沒有要去上班，也沒有要去任何特殊場合，你就不敢穿上漂亮的夏季洋裝。你甚至擔心平常沒事穿得太漂亮，別人會不會覺得奇怪。

難得打扮一下，你就覺得大家都在看你。你不想要被稱讚，只想要不引人注意。每天穿牛仔褲和T恤就好，沒人會多看你一眼，也沒人會發現你生完小孩後增加的體重，更沒有人會注意你眼底的黑眼圈。

你也有以上這些想法嗎？如果有的話，是時候拋開這些自我限制，自在散發你的女人味了。先從簡單的做起：試著沒事也穿上漂亮的夏季洋裝，換個不一樣的髮型（梳個乾淨俐落的馬尾，或是髮尾上個捲），塗上口紅，擦一點香水。請堅持下去，剛開始幾次你可能覺得尷尬，身旁的人或許會有些意外，詢問你要去哪裡，或是打趣你今天怎麼穿得那麼漂亮。面對這些反應，只要微笑以對就好。每天都好好打扮，不論有什麼計畫，都讓自己漂漂亮亮的。但也沒必要矯枉過正，在浴室花一個小時把自己弄成女神。只要多花一點心思，在髮妝、服飾上更勇敢一點，過一陣子你就會習慣自己新的外表標準，穿回鬆垮的舊運動褲反而覺得彆扭。

擁有女人味，是身為女人的一大樂趣。打扮不一定要給別人看。每個女人都有她獨特的美麗。每一天都別忘記展現自己特有的魅力。即使你是為了自己而打扮，也會對你身邊的人產生正面的影響。你的小孩會記住媽媽漂亮有精神的樣子，你不會在他們的記憶裡留下邋遢疲倦的黃臉婆形象；你的先生或許會近朱者赤，為了配上你而多加修飾自己的儀容；你的朋友可能會從你身上得到穿搭靈感，加入你的時髦行列。你的生活肯定會因為你變漂亮而發生漣漪效應，對你身邊的人產生難以想像的影響。

塑造你的招牌造型

你可以有招牌香水和招牌飲料（這點我等一下討論），當然也能有招牌造型。我在巴黎認識一位「波希米亞夫人」（這是我取的綽號），她總是穿無袖或七分袖的針織上衣，配上一件飄逸的裙子。還有大家熟悉的「時尚夫人」，她天天都穿經典的A字裙搭配絲質上衣或成套的毛衣。她們的造型千篇一律，但這並不代表她們不時髦，她們只是懂得自己的風格罷了。我相信，如果「波希米亞夫人」要買新衣服的時候，看到一件漂亮的波希米亞式長裙，她一定會買下來。她對於自己的造型已臻行家之境，有眼光看出適合自己的單品。這兩位巴黎女士看起來永遠那麼自在，原因正在於此。她們不會整天穿運動服，讓別人看不出她們的品味。她們不會盲目趕流行，而是會選擇能修飾自己身形，讓自己穿起來開心的衣服。

我在YouTube放上十件精品衣櫥影片後，許多觀眾留言說那些衣服一看就知道是我的。我聽了很高興，因為這一直是我努力的目標。我並不想走在時尚潮流的尖端，而是想做我自己：一個在家工作的媽媽、作家和妻子。我的日常穿著標準兼顧舒適與時尚。我希望在我的人生之中，每一天都儀容得體，讓世界多點美麗。我有自我的風格，而且我是這種風格的行家。

準備好你的十件精品衣櫥（不一定只能十件，總之要去蕪存菁），將額外的單品（T恤、西裝外套、大衣、適合特殊場合的洋裝、上衣和首飾）精心搭配過後，再來決定你的招牌造型應該就不難了。想想看，你想讓別人留下什麼印象？你穿什麼最自在（請把運動服排除在答案之外）？你可以想出至少三套招牌造型嗎？

我有幾套無法捨棄的招牌造型，不但非常適合我，也深得我心。既然如此，何必要換。第一套是西裝外套、T恤、緊身牛仔褲加上芭蕾平底鞋。這樣穿很有型，而且出去跑腿兒也方便。如果要買西裝外套，我會選有趣的款式，像是絲絨或針織花呢，穿搭起來多點變化，不會那麼無聊。芭蕾舞鞋我會選仿鴕鳥皮或仿鱷魚皮之類的特殊材質，顏色不會挑常見的灰色和黑色，而是特別一點的顏色，例如絳紫或祖母綠。

我的第二套招牌造型，是緊身牛仔褲搭配海洋風T恤。我的海洋風T恤不分春夏秋冬，每一種季節各有一兩件以上。其中有些是傳統的布列塔尼海軍條紋漁人T恤（很有香奈兒的味道），有些是經典變化款，例如長春花藍白條紋船型領T恤（帶有海洋元素，但比較有現代感）。夏天我會搭配白色牛仔褲和裸色漆皮涼鞋，秋天搭深色水洗牛仔褲和樂福鞋，冬天則換搭馬靴和羊毛大衣。

我的第三套招牌造型是洋裝。洋裝的好處是一件搞定，不必費心搭配別的衣服。我個人偏好及膝洋裝，夏天選飄逸的，冬天選剪裁立體的。包裹式洋裝更是我衣櫥裡的必備單品。

這樣你懂了吧。有了這三種招牌造型，我從來不必煩惱每天該穿什麼。想不出來的時候，我只要挑之前配好的任何一套，永遠不怕出了門才覺得不自在。

假設飄逸的洋裝配羊毛外衫是你的招牌造型，你覺得這樣穿特別好看。那麼我會建議你，每次去逛街的時候，盡可能找到質感最好、最襯你膚色的絲質洋裝。又假如你特別喜歡紫紅色，而你看到了一件漂亮的繫帶洋裝，厚薄度恰恰適合溫暖的春日，底色是美麗的紫色，上面有綠色和灰色的花紋，如果拿來配你去年冬天買的綠色喀什米爾羊毛開襟外套，簡直像是一組的，那麼恭喜你了！你的衣櫥可以多添一件戰利品，而你的招牌造型也多了一個變化，一套漂亮、舒適又得體的新選擇。成為個人招牌造型的行家，你會發現，早上挑衣服變得輕而易舉。

設定好你的招牌造型後，記得要定期檢討，淘汰掉過時的搭配。你絕對不會想被送到時尚節目的大改造單元，因為親朋好友嫌棄你還活在八〇年代。你可以找信得過的造型師或時髦的朋友，請他們給你一點意見。研究自己的招牌造型是很有趣的一件事，請盡情嘗試，在這個世界上留下你時髦的身影。

〔時尚祕訣〕

別人看不到的穿搭細節，可以帶給你神祕的日常樂趣。不要再穿老奶奶內褲和破洞襪子了！說真的，快快丟掉！今天就穿上成套的漂亮內衣，就算沒有約會、沒人看得到也沒關係，你自己知道就夠了。穿衣服前，先套上你的高級性感內衣，噴一點你最喜歡的香水，在細微之處給自己多一點私密的享受，再忙碌的日子，你也能如沐春風。

例行晨間保養

關於肌膚保養，我的首要祕訣是，避免過度清潔。我們洗臉時，往往會用力擦洗和去角質，使得皮膚天然的油脂無法殘存，於是皮膚得分泌出更多的油來自我防禦。為了避免過度清潔，我早上的保養例行工作很簡單，就是先潑一些溫水洗臉，再抹上含有SPF成分的日霜，這樣就大功告成了。早上省下一整套洗臉程序，是不是輕鬆多了？多出來的時間可以拿來整理頭髮和化妝，或是慢慢享用一杯咖啡。

對我來說，化妝是很愉快的一件事。我偶而會化完整的妝，不過大多時候只會簡單地擦上遮瑕膏（視肌膚狀況而定）、眉粉（我的眉毛稀疏，不畫不行）和睫毛膏，這樣當我想讓肌膚休息或時間不夠用時，只要花一分鐘就能完成。如果我早上有五到七分鐘的空檔，我會很快樂的選擇要化什麼樣的妝。我平常喜歡的基本妝容，有以下這三種：

時尚巴黎

擦上粉底、眼周遮瑕膏和局部遮瑕膏，再用蜜粉定妝。為眉毛補上一點點眉粉。上好眼影底霜後，用帶有淡淡珠光的淺粉紅色眼影塗滿整個眼皮，然後用乾淨的眼線刷沾上眼線膠（我喜歡芭比波朗〔Bobbi Brown〕流雲眼線膠，魚子醬黑），從內眼角開始畫細眼線，往眼尾漸漸加粗。對著臉頰的蘋果肌，刷上似有若無的粉紅色腮紅。刷睫毛膏。塗護唇膏，視需要加上一點淺粉紅色唇膏。完成啦！

時尚加州

擦上潤色隔離霜或含SPF的BB霜。用亮光遮瑕膏打亮眼底，並視需要用局部遮瑕膏做修飾。只在眼底、額頭、鼻子和下巴等部位用蜜粉定妝，臉頰不要上。用少量眉粉描補眉毛。刷上若干層睫毛膏，突顯眼睛。用古銅色修容餅以E字型的手勢刷過太陽穴、頰骨和下巴底部，盡量自然融入臉上其他部位的膚色。視需要用腮紅膏補上腮紅。嘴唇塗上護唇膏或無色的唇蜜。現在，你就像被陽光親吻過的加州女孩啦！

時尚倫敦

眼底上遮瑕膏。用粉底液或礦物粉底打底，並視需要用局部遮瑕膏修飾。用眉粉描補眉毛。塗上眼影底霜，在眼皮刷上淺色的中性色調眼影（不要有太多亮粉），眼褶刷上淺灰褐色眼影，然後暈開融合。上眼皮用眼線刷沾取眼線膠，貼著眼皮底部畫上眼線。下眼瞼用粉狀眼線筆畫下眼線。上下睫毛刷上睫毛膏。臉頰的蘋果肌刷上玫瑰色的腮紅。嘴唇塗上淡玫瑰色的膏狀口紅或護唇膏。噹噹！英倫玫瑰現身了！

全世界有那麼多漂亮的女人，我們不妨從她們身上汲取彩妝靈感，例如，用粉狀眼線筆化煙燻妝，散發中東風的暈染眼線，或是練習眼尾翹起來的眼線畫法，模仿義大利女星蘇菲亞・羅蘭（Sophia Loren）的貓眼。你可以觀察你喜歡的明星妝容，然後根據自己的膚色和臉型做一些調整。把化妝當作遊戲，每天勤於練習，相信你會跟我一樣，覺得這個過程充滿樂趣與創意。

頭髮

找幾個簡單又好看，只需幾分鐘就能完成的髮型，趁有空的時候練習幾次，以後就能快速讓頭髮變得漂漂亮亮。下面介紹我最喜歡的幾個髮型：

〔變化版公主頭〕

波希米亞辮子公主頭

從頭頂的左邊或右邊分出一小撮頭髮，開始編一個鬆鬆的辮子，編的時候頭髮要往後拉，這樣編完要夾在後腦杓的時候才會貼合頭型。頭頂另一邊重複相同動作。編完左右兩條辮子後，把它們往後拉，在你的後腦勺中間交叉，把辮子尾塞入編好的辮子裡藏起來，以髮夾固定後，視需要噴上髮膠定型。這款波希米亞風格的公主頭，特別適合陽光燦爛的夏日。

復古公主頭

用豬鬃刷把頭髮梳順梳蓬，再用尖尾扁梳把頭頂的頭髮刮蓬（要刮的部分先噴上髮膠比較好固定），然後把頭髮大致梳順，小心不要把刮好的頭髮壓扁。左右兩側各取一撮頭髮往後拉，在後腦杓中間交叉扭轉，然後稍微往上推，讓頭頂更蓬一點，最後用髮夾固定好位置，視需要噴上髮膠定型。如果想讓自己看起來時尚有質感，這款復古公主頭是很好的選擇。

〔髮髻〕

六〇年代髮髻

這款髮型是在美妝造型師莎拉・薩巴特（Sara Sabaté）的 YouTube 教學影片上看到的，方法如下：用豬鬃刷把頭髮梳順梳蓬，然後把頭髮分成上下兩半。上半部的頭髮先用夾子固定在頭頂，避免妨礙你處理下半部的頭髮。用髮圈把下半部的頭髮綁成一個低低的馬尾，再把髮圈往下拉到馬尾的中間，髮圈下面的頭髮往內折，反覆捲到後腦勺底，讓髮圈藏在頭髮裡，然後用髮夾把髮捲裡的頭髮固定住。接著，把上半部的頭髮放下來，用尖尾扁梳把髮根刮蓬，再把頭髮大致梳順，小心不要把剛刮好的頭髮壓扁。接下來，按照復古公主頭的方法，左右兩側各取一撮頭髮往後拉，在後腦杓中間交叉扭轉，用髮夾固定。其餘垂下來的頭髮全部塞到底下的髮捲裡，用髮夾固定，噴上髮膠定型。這款髮型相當淑女，如果畫上貓女眼線，可以創造濃濃的復古感。

側斜低髮髻

這款十秒完成的髮髻是跟知名髮型師娜塔莎・桑夏（Natasha Sunshine）學來的。首先，抓出一個斜斜的低馬尾，頭頂的頭髮不要拉緊，保持鬆鬆的樣子（這是一款慵懶的髮型）。用彈性髮圈綁好馬尾，再取一個彈性髮圈在髮尾另外綁一個馬尾。用手指抓一撮髮尾，其餘頭髮往上推成一個亂亂的髮髻，只留一撮頭髮掉出來。用這撮掉出來的頭髮往髮髻上纏繞，髮尾塞在髮髻底下，然後用四到五根髮夾固定，噴上髮膠定型。這是一款浪漫百搭的髮型，不論在正式場合或搭配休閒的春日洋裝，都很出色。

〈包包頭〉

慵懶包包頭

頭髮往頭頂梳起來，用彈性髮圈綁成一個高馬尾，然後朝順時針方向把頭髮鬆鬆地捲成一個包包。如果有幾撮頭髮鬆鬆的，或是包包看起來亂亂的，不必在意，因為我們本來要的就是慵懶的感覺。把捲好的包包用幾根夾子固定住，再噴上髮膠定型。這款慵懶包包頭特別適合一兩天沒洗頭，頭髮油油的放下來不好看的時候。

時尚包包頭

頭髮側撥到一邊用豬鬃刷梳順，然後用彈性髮圈貼著頭皮綁一個低馬尾，再將頭髮往馬尾根部繞成一個包包，用另一個彈性髮圈綁住，或直接用髮夾夾好。最後噴上髮膠，把跑出來的髮絲統統固定住。

襪子包包頭

準備襪子包包頭的道具：找一雙顏色與髮色相近的乾淨襪子，把腳趾部位剪掉，然後捲成一個甜甜圈。如果你跟我一樣，沒辦法接受把襪子放在頭上，也可以去藥妝店買包包頭專用的甜甜圈，價格大約美金三元。道具準備好之後，可以開始綁頭髮了。先用彈性髮圈綁一個馬尾，把髮尾穿入襪子甜甜圈，然後往下捲到馬尾根部貼近頭皮，確認頭髮有平均遮住整個甜甜圈。捲好的包包頭視情況用夾子固定。馬尾綁在不同位置，做出來的包包頭會有不一樣的效果。頭頂的包包頭就像莎拉·潔西卡·派克（Sara Jessica Parker）在《慾望城市》（Sex and the City）影集裡的造型；低斜的包包頭有浪漫的感覺；把頭髮梳乾淨，將包包頭綁在後腦杓兩耳正中間，就是芭蕾式的包包頭。一起來玩玩看襪子包包頭吧！

〔馬尾〕

俐落馬尾

用天然野豬鬃刷將頭髮往後梳，高度隨意。用髮圈綁好馬尾，從馬尾底下取幾撮頭髮往馬尾根部繞，蓋住髮圈，再用一兩根髮夾固定，視需要噴上髮膠定型。這款俐落的馬尾是極佳的日常髮型，特別適合需要做許多家事，不想讓頭髮掉下來礙事的時候。

時尚馬尾

頭髮側分，用尖尾扁梳把頭頂的頭髮刮澎，再用豬鬃刷大致梳順，但不要把剛刮好的頭髮壓扁，然後在頭頸交接處用髮圈綁一個低馬尾。如同上一個「俐落馬尾」髮型，從馬尾底下取幾撮頭髮往髮圈繞，蓋住髮圈，再用一兩根髮夾固定，視需要噴上髮膠定型。完成後，看起來就像奧黛莉・赫本（Audrey Hepburn）在電影《第凡內早餐》（Breakfast at Tiffany's）內的時髦馬尾。

頭髮不乖日馬尾

用豬鬃刷把頭髮盡量梳順，再用彈性髮圈在後腦勺正中央的位置綁一個馬尾。取一小撮頭髮往髮圈上繞，蓋住髮圈，再用一兩根髮夾固定。套上一條黑色細頭帶，調整到離髮際線一英寸遠的位置。現在的頭帶做得很棒，有一種看起來就像緞帶一樣。頭髮不乖的時候，用頭帶壓住亂翹的頭髮，就算再亂的馬尾，也會變得很時髦高尚。

這些是我平常會綁的髮型。我平均三到四天洗一次頭，前兩天通常把頭髮放下來，第三天以後會綁以上其中一種髮型。這些髮型你可以趁有空的時候練習看看，往後每天早上挑其中一款來做，花短短的時間讓自己看起來漂亮有精神。我的 YouTube 頻道（參見第 227 頁）有更多髮型教學，歡迎到上面看看。

早上不必花太多工夫梳洗，這件事最好留到晚上時間多一點的時候做。不過，出門前請務必注意儀容是否整潔，像是頭髮上的乾式洗髮精有沒有殘留，要不然你看起來會像是從電影《阿瑪迪斯》（Amadeus）裡跑出來的。另外，記得檢查指甲有沒有缺口、指甲縫有沒有汙垢、指甲油有沒有剝落、唇膏有沒有沾到牙齒、頭髮有沒有亂翹等等。

有一次，我正對著化妝用的放大鏡檢查妝容，一轉眼瞥到「décolleté」（頸子底下）有一根頭髮掉在我胸前。我把那根頭髮往旁邊撥，可是它依然留在那裡，我恍然發現它根本是長在那裡。嗯，我竟然有胸毛！它在那裡多久了啊？有多少人發現我有胸毛？我怎麼可能會有胸毛！不消多說，我當場就抬手把它滅了，而且三不五時檢查它有沒有再長出來。拜託，千萬不要取笑我。

在自然光之下照照小鏡子，就能看到別人眼中的自己是什麼樣子。首先，檢查妝容自不自然，如果看不出化妝的痕跡，代表很完美。我們的目標就是讓別人看不出來你有上粉底。再來，檢查頭髮上的造型品有沒有殘留物，有沒有什麼地方怪怪的。最後，出門之前記得用黏毛梳弄掉毛衣上的狗毛或貓毛。好了，早晨梳洗大業，至此功成圓滿。

〔早晨準備：職業女性時尚祕訣〕

如果不想每天出門上班前都像在打仗一樣，提前做好準備是很重要的。做好適當的準備，你就能享受悠閒的早晨時光，不必擔心自己忘東忘西。

- 晚上先把隔天上班要用的東西裝到公事包或包包裡，順便收拾包包裡的舊收據、面紙和零錢等雜物。
- 晚上先把隔天上班要穿的衣服拿出來，首飾也一併搭配好，隔天早上就不必匆匆忙忙地在內衣櫃翻找想要的貼身襯衣顏色。我認識一位時尚的職業婦女，她把絲襪分色系放在不同袋子裡，即使早晨光線不足，也能輕鬆分出藍色或黑色。如果你忘了提前準備要穿的衣服，這一招很實用。
- 晚上先規劃好隔天的早餐，把要用到的食材擺好（需要的冷凍食品集中一處，乾燥的食材則放在廚房櫃檯上）。早上要喝的蔬果昔可以前一天晚上打好放冰箱。咖啡機如果可以定時，設定在你起床的時間，就能在新鮮的咖啡香氣環繞下甦醒。

- 早餐最好坐著慢慢吃完，但要是真的來不及，例如快要趕不上公車了，還是可以把提前打好的蔬果昔裝在外帶杯或保溫杯裡帶走。
- 上班途中如果要送小孩去托兒所，小孩要用的東西一定要先準備好。小孩隔天要穿的衣服挑出來放好，防曬乳放在順手的位置，把小點心或水瓶等必備品打包好放在大門口，出門前就不怕忘了。

{早晨通勤音樂}

《匆忙時刻，處處莫札特》(Mozart for the Morning Commute : A Lively Bit of Traveling Music)(合輯)：Philips 唱片：1997 年發行。

生氣蓬勃的曲目，可以消除上班路上的煩躁心情，幫助你打起精神迎接一天的工作。

《The Tantalizing Tangos of Argetina》：布宜諾斯艾利斯探戈管弦樂團(Buenos Aires Tango Orchestra)：Legacy 唱片：1999 年發行。

熱情如火的阿根廷探戈，讓你早上不再死氣沉沉。

《I Love Paris! Classic Gypsy Swing& French Accordion Jazz》：Café Chill Lounge Club：Warner / Chappell Production Music 唱片：2012 年發行。

想像自己在巴黎的鵝卵石街道上，騎著腳踏車去上班，圍巾隨風飄揚如歌。

《Putumayo Presents: Italian Café》（合輯），Putumayo World Music 唱片，2005 年發行。

聽著古典的義大利小夜曲，你的通勤之路特別有格調。

《Club de Paris : Traditional French Café Music》，Café Chill Lounge Club，Warner/Chappell Production Music 唱片，2012 年發行。

經典的巴黎咖啡廳音樂，帶你遠離車水馬龍的喧囂。

《古巴音樂之旅》（Putumayo Presents : Cuba）（合輯），Putumayo World Music 唱片，1999 年發行。

隨著充滿異國風情的古巴舞蹈音樂「頌」（Son），一路搖擺到辦公室。

孩子

每個孩子的早晨日常工作千奇百怪，各有不同，只有家長才懂。我的孩子年紀還很小，我雖然不是經驗豐富的媽媽，但是有一個重要的堅持——遇事不要慌，保持平靜，事緩則圓。

父母是孩子的第一任教師，孩子會模仿父母的任何行為。昨天晚上吃完晚餐後，我和女兒們一起跳舞玩耍。我們剛好聽到蒙福之子（Mumford & Sons）的音樂（是那個搖滾樂團沒錯），於是臨時起意拿起鈴鐺、鈴鼓，排成一列繞著餐桌跳舞。我領著這個臨時康加樂團，孩子們開心地尾隨其後。跳了一會兒，因為包包頭搖搖欲墜，我停下來整理頭髮，結果我那十五個月大的女兒以為這是舞步，所以也停了下來撥弄她的頭髮。我弄好頭髮繼續跳舞，她也跟著繼續跳，只不過每隔幾秒鐘，這位小寶寶就會停下來，重複她剛學到的「撥頭髮」新舞步。

我希望我家的早晨充滿快樂的氣氛，小孩子一張開眼睛就對這個世界滿懷新鮮期待。教會他們每天早上該做的事，教他們準時做完，這確實很重要，可是我不想催趕他們，因為我想讓他們學會享受早上的例行工作。讓我再次引用愛默生的話：「人生是一場旅行，重要的不是目的地，而是沿途的風景。」學校是孩子們的目的地，但是出門上學之前，在家裡吃早餐、刷牙、穿鞋子，這些準備上學的過程也有很多樂趣，值得好好體會。我們會焦躁，不是因為孩子當下做得不好，而是因為我們得盯著時間，怕他們等會兒遲到。如果小孩上學總是遲到，與其忙著催促他們，不如提早叫他們起床，讓他們有餘裕準備好所有事情。

我們常常以為，有些事情本來就該很急。我的大女兒剛開始上幼稚園那一陣子，我會緊張地催她出門，握著她的小手急忙忙地衝去學校，我們在路上甚至會唱《愛麗絲夢遊仙境》裡的白兔之歌。就這樣連趕了三天，我意識到我做錯了。我的焦慮引發了她的焦慮，使得她跟著擔心上學遲到，以及隨之而來會發生的壞事。用這樣負面的心情去上學，並不是好事。後來，我們不再唱白兔之歌，想慢慢走就慢慢走。她可以花時間撿她喜歡的松果。偶而，我們會看到松鼠先生和烏鴉先生。看到漂亮的野花，女兒還會摘去學校送給老師，隨後這些野花會被插在小花瓶裡，擺在教室的午餐桌上。你一定想不到，自從我們這麼做之後，從來沒有遲到過。如果我們像以前那樣，每天趕路上學，那會錯過人生中多少美好的事情啊！野花、松鼠、新鮮的空氣，這些片段統統不會發生，想想就覺得非常可惜。

〈時尚祕訣：別變成嘮叨的女人〉

嘮叨是所有女人的通病，但是誰也不願意承認自已會這樣。根據字典的定義，「嘮叨」的意思是「不停地挑錯或催促，進而激怒對方或使對方感到厭煩」。我們會對先生碎碎念，對孩子碎碎念，我承認我會，相信你也是。不嘮叨實在太難了，做家事的時候別人不配合，怎麼忍得住不唸呢？

墨裔心靈作家米蓋爾．魯伊茲（Miguel Ruiz）在他的暢銷書《四個約定》（The Four Agreements）中提到，最重要的是第一個約定：「言必有中」。嘮叨的時候，很多話是沒有意義的廢話，你說得太多，家人很有可能左耳進右耳出，根本沒聽進去（是的，我又跟大家分享我的經驗之談了）。我們應該努力做到言必有中。如果需要家人幫忙，第一次請好聲好氣地提出要求。對方可能不會立刻照做，甚至一直不做，但只要你習慣用平靜清晰的聲音、不帶有指責意味的言詞來提出要求，時間一久，對方必將有所改變。

我以前會在小孩剛回家時，唸她們趕快去洗手。我幾乎什麼方法都試過，滿屋子追著她們跑，恐嚇她們細菌不洗掉會生病，她們一點都不聽。什麼？說「請妳去洗手」？別開玩笑了！只要她們肯去洗手，要我學猴子跳我都願意。總之，這些方法全都沒有用。女兒似乎覺得我沮喪的樣子很有趣，於是變本加厲的作對，把這件事當成捉迷藏遊戲，故意跑去躲起來。嘮叨的結果是，我們誰都不開心。後來，我決定改變做法。每天一到家，我就會說：「我們一起去洗手！」就這樣短短一句話，完全沒有責罵，而且我的聲音很平和，帶著不容置疑的關懷。

女兒聽到後，問我：「為什麼？」

「因為在家裡把手弄乾淨很舒服，手乾淨才會健康。」

「好吧，媽咪。」她就這麼答應了。剛開始她有幾次不聽話，現在則養成了習慣。這個習慣並不是靠著恐懼養成的；我並不想讓她因為害怕感冒才洗手。我希望洗手能給她正面的聯想：在家裡把手弄乾淨很舒服。

招牌飲料

詹姆士・龐德喜歡喝伏特加馬丁尼，而且是「用搖的，不要攪拌」。蘭馬翠姐[1]喜歡喝不加牛奶也不加糖的南非國寶茶。白羅探長[2]一定要用正確的玻璃杯喝他的香草茶。如果改掉他們的招牌飲料，味道就不對了。

註1：《堅強淑女偵探社》的女主角寶惜・蘭馬翠（Precious Ramotswe）。

註2：赫丘勒・白羅（Hercule Poirot），是克莉絲蒂偵探小說的主角之一。

相信你一定也有自己日常喜歡喝的飲料（不論多特別或普通），或許是每天一大早必喝的濃濃黑咖啡，又或者是早餐茶。就算你偶而會喝別的，或是改變配方，總之你一定有慣常愛喝的某一種飲料。

在我高中的戲劇課裡，曾經根據俄國戲劇家史坦尼斯拉夫斯基（**Stanislavski**）的理論做一個想像力練習。我們要假裝面前有一杯熱咖啡，然後表演怎麼喝。我們的表演大同小異：坐在椅子上，雙手握著那杯想像中的咖啡，閉上眼睛，聞一聞虛擬的咖啡香氣，然後喝一小口，身體往後靠到椅背上，一副回味享受的樣子，過程中可能會來幾個深呼吸，畢竟要撐完整整一分鐘的表演時間。那可是超戲劇化的咖啡時光！這個表演練習的目的，在於進入生活日常氛圍，探索現實與戲劇的細微差別，並且對表演感到自在。

現在回想起來，我也不知道我們表演得怎麼樣。如果要夠寫實才能在那堂課拿到滿分，我覺得我應該拿著咖啡滿屋子亂跑，一邊對孩子大吼，一邊為了帳單遲繳的事跟客服人員講電話。現實生活就是如此，我們忙得只能趁處理事情的空檔，胡亂喝幾口我們的招牌飲料或是團團轉準備出門的間隙，甚至只能在開車上班途中喝。唉，要是能專心喝完一杯自己的招牌飲料有多好呢？

試著找一個時間，假裝自己在做史坦尼斯拉夫斯基的戲劇練習，坐下來慢慢品嘗你的招牌飲料吧（當然不是幻想中的，而是真正的飲料）。用你的雙手感受那杯飲品的溫熱（或冰涼），用鼻子深深吸入它的香氣，想像它是神奇的生命靈藥，可以帶給你一整天的好精神。

出去旅遊的時候，試試每個地方的招牌飲料也是很有趣的一件事。在巴黎，我會學「時尚夫人」來一碗（你沒看錯，是碗，不是杯子）溫溫的紅茶，不加牛奶；在英國，我們一定會喝英式早餐茶，加上牛奶和糖；在斯里蘭卡，到了我的朋友安裘莉的家，我們會喝紅茶加上甜煉乳；在羅馬（我的愛城），我們會喝卡布奇諾。回到加州，在我常去寫作的咖啡館，早上的常客幾乎都有自己的招牌飲料，我的是義式卡布奇諾。常客只要說「照舊」，店員大多知道是什麼飲料。

我的招牌飲料隨著人生階段而改變。懷第一胎之前，我只喜歡喝綠茶，但是聽說對孕婦和哺乳不好，所以改喝南非國寶茶（蘭馬翠姐的最愛）。現在我已經度過生育階段，雖然又能選擇新的招牌飲料，卻遲遲舉棋不定。

我還在實驗不同的茶葉組合，這件事太好玩了，反正研究的過程也是生活的樂趣之一嘛。

如果想試試新的招牌飲料，我這裡有一些奇特的配方供各位參考。

〔南非國寶茶那堤〕

寶惜．蘭馬翠肯定不會喜歡這個，因為她喜歡喝純的。不過，我覺得我的配方也很不錯。

- 接近沸騰的熱水
- 南非國寶茶茶葉（原片茶葉）（一人份一尖茶匙）
- 溫熱的杏仁奶或大麻籽奶（隨個人喜好）
- 蜂蜜或甜菊（喜歡甜的人可以加）

用水壺煮水，接近沸騰時，將熱水倒入茶壺裡，接著放入若干人份的南非國寶茶茶葉，浸泡五分鐘。泡好後，用濾茶器將茶水濾入杯中，趁熱加入個人喜好的植物奶（必須溫熱，我自己喜歡配杏仁奶）或糖精。最後，用打奶泡器打出可愛的厚泡泡。好囉，請享用！（我的 YouTube 頻道有南非國寶茶那堤的教學影片，歡迎參考看看。）

印度茶那堤（一人份）

一到秋天，我常常喝這一道茶品。

將阿薩姆紅茶茶包一包（或是一小匙原片茶葉）放入小鍋子，加入一杯水、半根肉桂棒（這東西很貴，省著點，一半就夠了）、一小撮荳蔻、一小撮薑粉、一粒丁香。煮沸二至三分鐘後，加入一杯杏仁奶（或你偏好的任何植物奶或動物奶）和一茶匙糖，再次煮滾後熄火，用濾茶器將茶水濾入馬克杯中，這樣就可以喝了。

印度茶那堤（二至三人份）

- 兩杯水
- 紅茶茶包兩包（或是兩小匙原片茶葉）
- 薑粉和荳蔻各⅛茶匙
- 一根肉桂棒
- 一粒丁香
- 最多¼杯糖（看你喜歡多甜）或兩茶匙蜂蜜或一捆甜菊
- 兩杯半杏仁奶或牛奶（隨個人喜好而定，我自己喜歡 Califia 農場椰子杏仁奶）

將紅茶、香料和水放入小平底鍋中，煮沸五分鐘後依序加入糖和奶，再煮滾一次（但是不要滾過頭），最後用濾茶器濾入茶杯就好了。

我的終極招牌飲料

說了別笑，我知道這個名字是有點誇大，可是如果要選一個我永遠都愛喝的招牌飲料，溫檸檬水絕對是我的心頭至愛，我每天早上起床都會喝上一杯。我會走去廚房，拿起玻璃杯，從飲水機倒一半熱水一半冷水，再拿一顆檸檬切對半，將檸檬汁擠入水杯中（順帶一提，用過的檸檬我不會直接丟掉。我會把切開的檸檬丟入垃圾處理機來除臭，要不就是插到洗碗機的固定齒條上，讓碗盤的味道更清新）。溫檸檬水不僅能排毒，對皮膚也非常好。

早餐

如果說每一天的生活都是一場戲，我覺得早餐就是開幕序曲。不管吃得精簡或豪華，吃早餐應該是一件享受的事。請注意，早餐必須攝取足夠的營養，你才有精神迎接新的一天。

早餐最好在前一天晚上安排妥當，除了食材之外，桌子也盡可能事先布置好（在傍晚之樂那一章會詳細解釋）。知道早餐要吃什麼，會讓人心生期待，早上更有動力起床。季節也很重要，不同的季節適合吃不一樣的早餐，夏天會想吃得比冬天清爽。不過，不管你吃的是希臘優格拌莓果，還是熱燕麥片配葡萄乾加杏仁奶及烤椰子片，都請務必慢慢享用。

很多人吃早餐都是應付了事，急匆匆囫圇塞個幾口就吃完了。我真的很希望大家可以試著改變，吃早餐的時候偶而放點音樂，打開窗坐下來，就算只有五分鐘也好，專心地享用眼前的這份早餐。不想聽音樂的話，可以聽廣播的談話節目，或是乾脆安安靜靜什麼都不聽，好好細嚼慢嚥。我知道這對許多媽媽來說，完全是個不可能的任務。當我早上準備全家人（連狗在內）的早餐時，一不留神就發現自己一邊吸著蔬果昔當早餐，一邊走來走去忙東忙西。我完全能體會媽媽們沒空坐下來的難處。不過我每天早上還是會盡可能跟孩子們一起坐下來吃早餐，就算只有短短兩分鐘，還是可以趁機聊聊天。好啦，我知道真的很難。老話重提，一日之計在於晨，早餐是一天的開幕序曲，吃完早餐後就要進入忙碌的生活，所以你應該吃得好一點。沒錯，就如同古時農忙後唯一能休息的星期二早上那樣，吃得豐盛一點，對自己好一點。

自從讀了金柏莉．史奈德（Kimberly Snyder）的《好萊塢大咖美容快瘦聖經》，我愛上早餐做可以養顏美容的綠色蔬果昔。我自己有改一些配方，早上特別愛喝這個，有時候當作飲料，有時候就當作一餐，感覺補充了滿滿的綠色蔬菜，超級健康。我知道聽起來不太美味，但是我非常推薦，而且我女兒居然也很愛，我很欣慰能夠在一大早就確保她們攝取了足夠的蔬菜營養。接下來就跟各位分享我的配方：

〔綠色蔬果昔〕

- 一杯水
- 三條芹菜莖，切塊（沒有芹菜沒關係，可以多加些菠菜）
- 一顆洋梨或一顆蘋果，切塊
- 一根香蕉（沒有新鮮香蕉的話，可以用冷凍香蕉，而且打奶昔口感更好）
- 半顆萵苣（可以選奶油萵苣、蘿蔓萵苣或蔬菜攤賣的春季組合萵苣。不要用芝麻萵苣、山萵苣或結球萵苣）
- 兩把剁碎的菠菜或剁碎的羽衣甘藍（如果不喜歡菠菜，可以改用一整顆萵苣。如果沒有萵苣，光用菠菜也行）

・一捆甜菊

把全部的材料放入果汁機，打到呈滑順狀為止。好喝！

以上的分量足夠我們母女三人兩天的早餐（我先生沒有加入我們的綠色蔬果昔大隊……革命仍須努力）。如果知道早上會很忙，我會在前一天晚上提早把打好的綠色蔬果昔分裝到玻璃杯中，用保鮮膜封好，放入冰箱冷藏。隔天早上喝之前，記得攪拌一下就行了。

早上想喝甜一點、奶味更濃的飲料的時候，我還有一道綠色奶昔，裡面加了杏仁醬和纖維果蔬代餐粉，可以給你滿滿的能量。淺淺的綠色，溫和滑順的口感和甜甜的味道，色香味俱全！

〔早安綠色奶昔（兩人份）〕

・一杯半杏仁奶（或是椰子杏仁奶）
・一份纖維果蔬代餐粉（健康食品專賣店有多種選擇）
・一大根成熟的香蕉

• 一尖匙杏仁醬
• 兩茶匙生蜂蜜
把全部的材料放入果汁機，打到呈滑順狀為止。

一個禮拜，我幾乎有五天會喝蔬果昔，我覺得對我的皮膚和身體健康很有幫助。不夠滿足的時候，我會再吃一片抹上奶油、烤得酥酥脆脆、淋上生蜂蜜的吐司。再不然，吃些水果或燕麥，隨我的心情而定。我的身體會告訴我需要補充什麼。我們星期六的早餐通常是薄煎餅或鬆餅，星期天則是培根加蛋（我吃的是火雞培根）。女兒們喜歡吃水果、起司、優格、我的特製綠色蔬果昔、全穀吐司和燕麥。當然不是一次全部一起吃，而是從中挑選幾樣。她們太喜歡吃早餐了，連一天之中的其他餐點她們都說是早餐。我很高興她們能愛上食物，吃得津津有味。

至今我仍難以忘懷「時尚夫人」家的早餐。每天早上我都興奮地溜過走廊，因為迷人的小廚房有美味的早餐在等著我：烤過的棍子麵包夾上自製果醬、前一晚剩下的水果餡餅、優格或優酪，然後配上一碗好茶；這樣的早餐吃起來絲毫沒有負擔，只有純然的愉悅。吃著美食，聽著收音機傳來細碎的聲音，感受涼爽的巴黎空氣從敞開的窗戶吹拂而入——早餐就該如此啊！一起來讓美好的早餐滋養你的身心，準備好一天的精力，好好享受生命的每一刻吧

〔時尚祕訣〕

與時俱進。每天看時事與新聞，瞭解世界上發生了什麼事，固然是很好的習慣。只是不要讓自己沉迷於負面的消息，心情跟著一蹶不振。我們要懂得不隨著媒體起舞，只看事實本身。媒體經常用聳動的手法來吸引讀者注意力，我們可以只抓住重要的資訊，不要在意誇張的敘事。看到令你害怕的新聞時，請做幾個深呼吸，回到自己眼前的世界。如果你現在有能力施予援手，那就立刻去做。如果無能為力，也可以送上你的關懷與祝福，盡了一份心意後，好好過自己的日子。

早上十一點的上午茶

上午難得悠閒，不妨邀請朋友來家裡吃個上午茶。上午茶的英文是

「Elevenses」，因為這個傳統的社交聚會通常在十一點左右進行，只可惜現在已經不流行了。柏靈頓熊和格魯伯先生就是上午茶的愛好者，看看他們有多開心啊！上午茶除了喝咖啡之外，還會搭配一個適合當早餐吃的點心。柏靈頓熊喜歡吐司抹上奶油以及帶碎果皮的果醬，我則喜歡適合配咖啡的蛋糕。各位喜歡什麼呢？

邀一兩位朋友來家裡小坐，邊吃點心邊聊天，喝點咖啡或茶，那有多愜意啊。如果能奉上自家製的糕點再好不過，沒有也沒關係。我做早餐的點心時，習慣做兩份，把其中一份冰在冰箱裡，臨時要找朋友來吃上午茶就不怕沒東西了。上午茶的點心也有季節之分，秋天可以做南瓜麵包，春天可以做櫛瓜麵包，冬天有杏仁糕，夏天有檸檬蛋糕。不過，最棒的仍是配咖啡吃的傳統甜蛋糕。

〔酸奶鮮奶油蛋糕〕

- 烘培專用噴霧油
- 一杯奶油（室溫）

・兩杯糖
・兩顆蛋
・一杯酸奶油
・半茶匙香草精

以下材料一起過篩：

・兩杯中筋麵粉
・一茶匙泡打粉
・⅛茶匙的鹽

餡料

・⅓杯中筋麵粉
・半杯的袋裝紅糖
・兩茶匙融化的奶油
・一茶匙肉桂粉

烤箱預熱到華氏三百五十度。準備一個中空環狀烤模，噴上烘培專用噴霧油。

將一杯奶油和糖放入大碗中，打發至蓬鬆狀且顏色變淡後，一次打入一顆蛋並打發，接著拌入酸奶油和香草精，拌勻後加入兩杯麵粉、蘇打粉和鹽，全部攪拌均勻。

準備餡料：準備一個中型碗，混入⅓杯的麵粉、紅糖，兩茶匙融化的奶油和肉桂粉。

將一半的麵糊倒入烤模，均勻鋪上紅糖餡料，然後再填入剩下的一半麵糊。放入烤箱烤四十到四十五分鐘，或是拿牙籤插入最厚的部位，拔起來如果沒有沾黏麵糊就可以了。

上午茶貴不在精緻，而在親切的氣氛。你可以找一張小桌子，鋪上一塊漂亮的桌布，再準備好幾塊布餐巾，或者在壁爐旁擺個小凳子，上面放托盤權充餐桌。天氣暖和的話，在戶外用餐也很不錯。拿出你最好的杯子——喝茶用茶杯，喝咖啡用馬克杯。飲料和點心都請趁熱端上。前一天烤的蛋糕可以用華氏三百度烤個十分鐘。萬事具備，你可以吃一口蛋糕，喝一口熱呼呼的咖啡，舒舒服服地聊個天了。偶而這樣寵愛自己，熱愛生活，何樂而不為？

早午餐

請朋友來家裡輕鬆小聚，除了上午茶和午後茶之外，早午餐也是個很棒的選擇。它不像正式的晚宴那樣，每個人都要規規矩矩地坐下來用餐。早午餐的餐點可以全部事先準備好，像自助餐那樣擺出來，供客人隨意取用。

早午餐的擺盤講求豐盛。倒不是說你得準備幾十道料理，而是要把料理擺得很豐富的樣子。以下有幾個妙招：

- 滿滿一碗引人食慾的貝果（裝貝果之前，碗裡先墊一塊布，布的四角要露出來蓋過碗沿）
- 把番茄片、續隨子、紅洋蔥片和燻鮭魚排在漂亮的大盤子裡，盡量排得有藝術感一點
- 用小盤子裝奶油乳酪，配上一把造型特別的抹刀
- 一碗水果沙拉
- 用烤鍋裝盛的鹹口味早餐料理
- 牛角麵包或巧克力麵包
- 法式乳蛋餅（裡面可以放焦糖洋蔥、菠菜、綠花椰或你喜歡的任何蔬菜）
- 各色沙拉

- 氣泡水
- 果汁
- 你的招牌調酒，例如芒果含羞草（氣泡酒摻少許芒果汁）
- 各色茶品和咖啡

餐點方面，以上建議你可以視情況挑選幾道或全部都上。另外，餐桌的布置也要兼具色相。鋪一塊漂亮的桌布，擺上經過設計搭配的碗盤餐具，然後放上一束鮮花，你的客人將會受寵若驚。背景音樂可以選輕快的曲風，讓氣氛更歡快。

尤恩和芭芭拉是我們在加州的巴黎友人，他們非常擅長舉辦早午餐聚會。聽說巴黎並不流行早午餐，他們是搬到美國後才知道有這回事。不過入鄉隨俗，他們也跟著學吃早午餐，甚至加入自己獨特的品味，更上一層樓。現在他們儼然是早午餐界的行家，而我們這些座上客也因此大飽口福，與有榮焉啊！芭芭拉家的早午餐會有幾個自己烤的法式乳蛋餅，而且一定會有一疊剛做好的可麗餅，旁邊擺一壺巧克力榛子醬。水果沙拉和蔬菜沙拉絕對少不了，還有不能不提的可口卡布奇諾。他們家的早午餐擺得很簡單，可是看起來就是很漂亮。

我的父母親前一陣子來我家玩，我們一起去了聖塔莫尼卡當地的一家餐廳。那家餐廳的早午餐非常完美——菜單上的餐點豐富多樣，調酒也很充足，現場還有ＤＪ播放音樂，大家都玩得很盡興，感覺就像一場星期天近午的派對。我的大女兒也有去，我們一起坐在椅子上跳舞，她玩得超開心。早午餐的氣氛就該這樣無拘無束。如果你家有院子之類的室外場地，試著辦個戶外早午餐派對吧！

物歸原處

過完一個早上，不管忙不忙，家裡難免會冒出一些亂七八糟的東西。請試著用完一樣東西立刻把它放回去，不要留著等晚點再收。這麼做的好處是，你晚上不必多花時間收拾善後。我喜歡在煮菜前把廚房整理乾淨，這樣事後清潔可以少花些時間。我們都教孩子用完的東西要隨手放回去，可是自己卻不這麼做（好啦，我自首）。糖罐、咖啡渣、昨天晚上穿的睡衣、化妝刷具……這些東西用完後，都應該放回它本來的地方。

你可能納悶，這麼簡單的道理值得我這樣反覆強調嗎？請不要小看這個壞習慣，真的有很多人一忙就忘東忘西，身後留下一團亂，等到要收的時候才覺得頭痛。所以說，如果可以用完一樣東西，立刻把它放回去，只要多花個幾秒鐘，就能在事後省下一大堆麻煩。

隨手收拾並不是一件痛苦的家事。就像早晨有很多快樂，隨手收拾也有很多快樂。懷抱正面的心態，一邊收一邊唱歌或跳舞，做什麼事都能想辦法讓自己從中獲得樂趣。

運動

你喜歡什麼運動呢？你可能擅長強力瑜珈，或是喜歡一週慢跑幾次。你平常除了做這些運動，其實可能還忽略了另外一種運動，那就是日常活動。打掃房子、用吸塵器吸樓梯也是運動健身的方式之一，這麼一想，做家事突然變得沒那麼討厭了吧？

只要稍微換個想法，人生就變得輕鬆多了。一杯裝了半杯水的水杯，你看到的是一半空，還是一半滿？大瓶裝的飲用水送到家，必須自己扛上二樓的時候（這是我的家事之一），你會怨恨樓梯、飲用水，還是不滿這整件事？或者，你會覺得順便健身也不錯？

扛一大桶水是很好的肌耐力訓練，我可以趁機鍛鍊我的手臂，做幾個深呼吸。把水抬起來放入飲水機，則可以鍛鍊到我的腹肌。每當飲用水一送到家，我看到的是更多的運動機會。

有些人問我產後怎麼瘦身，說實話，我瘦下來是因為每天的活動量都很大。直到現在，我依然常常挑戰自己的體力，而且無所不用其極。我故意把車停在停車場七樓，因為不想等電梯，所以就爬樓梯上去。回程就算電梯已經到了，我還是狠下心不坐電梯，堅定地走樓梯下去。這七層樓我走得很快，走完五樓後，可以明顯感覺到熱量在燃燒，等我總算上了車，大概都快喘不過氣來了。我會在上車後休息一會兒，喝一大口水，感覺滿血復活。我受夠了久坐不動的生活，一有機會就想多做些有氧運動。

運動是生活的一部分，不需要分開來看待。這是我現在的理念。能走路就別開車，即使是用吸塵器吸地毯也要高高興興地去做，這些活動都能健身，雖然沒穿著運動服，人不在健身房，並不代表它們不算是運動。

時尚的運動服

要挑選運動服時，請以你日常衣著的標準來選擇。別誤會，這不是說你得買什麼昂貴時髦的運動套裝，只不過你運動時穿的衣服，必須能夠修飾身材，讓你更喜歡運動。有些人運動的時候就穿個寬大的運動衫和T恤，一副不想被別人注意的樣子。我誠心建議各位投資幾件不錯的運動服，還有支撐力足夠的運動鞋。如果你喜歡自己的運動造型，說不定還會想要帥上個跆拳道課呢。穿上合身的運動服還有一個好處，那就是你會從潛意識深處對自己的身材感到滿意。寬大臃腫的衣服則相反，它代表你不認同自己的身材，所以得藏起來。環肥燕瘦各有其美，我們應該坦然接受自己現有的體態，勤於運動只是讓自己更健康而已。

時尚練習：經心的早晨

明天早上請做這個練習：一起床後，刻意放慢做每一件你早上平常要做的事。走向廚房時，感覺雙腳包裹在溫暖的毛絨拖鞋裡的觸感。倒好白開水，擠入檸檬汁之後，緩緩地舉杯飲用，感受溫水滑過喉嚨帶來的滋潤，然後仔細地把杯子放下來。一邊做孩子的早餐，一邊深呼吸，不要急。切早餐的芒果時，聞聞芒果的香氣，注意刀子滑過果肉的觸感，用心把芒果（或你要切的任何食物）切好。不疾不徐地清洗盤子。如果發生突發狀況（小孩子不小心打翻水杯、狗汪汪叫、電話鈴鈴響，或是你收到簡訊的提示音），請用面對未知事物的心情來處理。假裝你是某本書的主角，不知道接下來會發生什麼，對未來充滿興奮與好奇。

當你放慢動作，經心體驗其中細節時，你會發現腦裡開始胡思亂想，很有可能是最近生活上遇到的「問題」：你說了什麼話或做了什麼事，可能會得罪或冒犯別人；有帳單要繳，但是沒錢；下巴冒了一顆青春痘，午餐約會時該怎麼遮掩——當你專注於眼前一刻時，為什麼會冒出這些思緒？是巧合嗎？不，這並非偶然。

很奇怪嗎？你明明正在享受早晨，怎麼腦海會跳出這些掃興的事情？這是很自然的，注意到這些念頭後，別放在心上。我會想像自己飛出窗外，而你可以想像自己是曬衣竿上的一件衣服，被強風吹走，越飄越遠，總之，找一個能幫助你遠離壞念頭的場景來想像就對了。坦然面對自己的思緒再拋諸腦後，接著繼續專心做眼前的事吧。別憋著氣，深呼吸。慢條斯理地換上衣服，用心化妝，整理頭髮，然後照鏡子看看自己有多漂亮。不要發呆，專心做好每一件事，你會驚喜地發現自己的眼睛變得明亮有神。認真的女人，最美麗！

不光只是變漂亮，另一個驚喜是你會開始浮現笑容，忍不住對鏡子裡的自己笑。沒想到吧？這種心滿意足的充實感來得那麼突然。你瞭解到，你能掌握的唯有眼前此情此景，所以你應該全心全意投入，不要錯過此時此刻。如果世界末日就要來臨，與其惶惶不可終日，還不如盡情享受當下每一分鐘，不是嗎？

成為時尚的家庭主婦（而不是邋遢的黃臉婆）、創造洋溢愛與和平的家庭（這不只是嬉皮士的口號）、懂得知足常樂、享受自己的生活，勇敢面對未來發生的任何事情……如果你也想要實現這些目標，那麼明天就立刻開始練習度過一個「經心的早晨」吧！神奇的結果將會發生：你會欲罷不能，樂此不疲，往後每一天的早晨都過得既「經心」又「精心」。

出門

完成早晨的庶務後，時間轉換到午後，你應該要出門上班或處理一些日常瑣事了。準備好迎接下一幕了嗎？

Lesson

5

午後之樂

THE PLEASURES OF THE AFTERNOON

啊，午後也有好多樂趣啊！對於「時尚夫人」來說，午後是她難得的個人時間，因為大家都出門去了，她可以獨享一整間屋子。我寄宿巴黎時，午後大多去上學或到處逛逛，偶然有幾次待在家裡，就偷偷地觀察了一下「時尚夫人」午後都做些什麼。「時尚夫人」午後會準備午餐（通常是前一天晚餐的剩菜再加上少許新鮮的沙拉），出門跑腿處理一些瑣事，然後回家打掃屋子。偶而她會邀請女性朋友們一起吃午餐。有一天午後她問我要不要加入她們的聚會，我記得菜色有水煮魚佐美味的奶油醬和四季豆，非常豪華。果然「時尚夫人」是不會吃什麼微波食品的！

整天照顧別人是很累的，如果能有一個午後獨處的時間是非常寶貴的。老大去上學、老么在午睡，你可以不受打擾，一口氣做完所有事情，像是準備午餐、把早上沒做完的事情做好、出門跑腿、喝一杯茶，接著準備晚餐。這些事情（除了喝茶之外）很容易讓人覺得瑣碎無聊，生不出什麼高興的心情去做，但是我們應該學習「時尚夫人」的態度，盡可能讓自己樂在其中。午餐既然只要做給自己一個人吃，何不趁機試試你上禮拜看了很心動的那道甜菜佐羊酪沙拉食譜。打起幹勁，即使只是回電子郵件和歸檔這種小事，也可以做得很有情調；點上香氛蠟燭、一邊聽有聲書，一邊捲起袖子來做事吧！出門跑腿還可以順便活動一下筋骨，呼吸幾口新鮮的空氣。反正這些事總得要做，與其不情不願，高高興興地做，不是更好嗎？

{午後專輯}

《Cheek to Cheek》：文斯・焦爾達諾（Vince Giordano）與夜鶯管弦樂團（The Nighthawks Orchestra）；Nighthawks Records 唱片；2000 年發行。

午後精神不濟嗎？來點歌舞音樂，像佛雷與琴吉[1]那樣跳過一整天吧！

《Le chant des coquelicots》：艾蜜莉－莉絲－奎洋（Amélie-les-crayons）：neômme 唱片：2002 年發行。

聆聽這張曲風怪奇的法國專輯，即使是枯燥的文書工作，也能有（近似）在巴黎度假的夢幻感。

《羅梅洛吉他四重奏／西班牙皇家傳奇吉他世家—羅梅洛家族》（The Romeros: Celedonio, Celin. Pepe and Angel : The Royal Family of the Spanish Guitar）：Decca 唱片：1997 年發行。

經典的西班牙吉他專輯，讓你午後做起家事異常有情調。

《Romance of the Violin》：約夏・貝爾（Joshua Bell）：Sony Classical 唱片：2003 年發行。

讓悠揚的小提琴樂音帶給你浪漫的午後……即使只是在削馬鈴薯皮，也能聽之忘俗。

《Elis & Tom》：安東尼卡洛裘賓（Antônio Carlos Jobim）與艾莉絲・黎晶娜（Elis Regina）：Verve 唱片：1974 年發行。

註 1：指三〇年代崛起的好萊塢歌舞片演員佛雷・亞斯坦（Fred Astaire）及琴吉・羅傑（Ginger Rogers）。

來自巴西的對唱情歌，聽了一整天心頭暖洋洋。

《The Most Essential Classical Music for Your Baby》（合輯），X5 Music Group 唱片，2008 年發行。

這張古典音樂專輯收錄眾多舒緩的熱門曲目，特別適合給玩了一下午的孩子們聽，鎮定他們的精神。

《與德布西分享白日夢》（Debussy for Daydreaming），Philips 唱片，1995 年發行。

午後累極的時候，讓德布西帶你遠離塵囂，做個短暫的白日夢也好。

《Tchaikovsky at Tea Time》，Philips 唱片，1996 年發行。

柴可夫斯基迷人的樂曲組合，是優雅茶會背景音樂的首選。

《In a Time Lapse》，魯多維科・伊諾第（Ludovico Einaudi），Ponderosa Music & Art 唱片，2013 年發行。

這張大氣磅礡的古典音樂專輯有許多曲目靈感來自於文學名著，或許能在午後時刻激發你的創意靈感。

在家工作

在家工作有好處也有壞處。好處是省下通勤時間，時間可以彈性安排，而且沒有服裝規定（雖然沒有規定，但還是請記得我們家居服的時尚標準）。壞處是你可能患上幽閉症，感覺孤獨，而且工作容易被打斷（尤其是家有幼童的時候）。在家工作的祕訣是盡量想著你這份工作的優點，然後午後開始火力全開，積極把工作做完。不論做什麼，都要秉持熱情，熱愛你的工作。就像前面教你如何用心打造居家環境，這股動力也可以用來耕耘你的工作。

值得提醒的是，千萬不要因為在家沒人看，就整天穿著睡衣（或運動服）懶得換。打扮是給自己看的；綁個時尚的馬尾，換上漂亮的貼身內衣和得體的家居服，你的精氣神也會為之一振，對工作充滿幹勁，超常發揮。另外，辦公桌應盡可能保持乾淨，檔案文件定期規整，這樣你就不會對日積月累的一大疊文件望之生畏。

打造時尚的辦公空間

如果你是上班族，把你的辦公室或小隔間弄得時尚舒適，靈感更容易源源不絕，工作起來特別有格調。以下分享一些辦公室的時尚祕訣：

- 換掉常見的辦公文具收納盒。鉛筆和原子筆可以改用迷你古董蘭花花盆來裝，迴紋針和橡皮筋可以改用玻璃藥罐來裝。
- 擺上漂亮典雅的相框，裝入親人的照片。
- 鋪上一小塊地毯。
- 在牆壁掛上賞心悅目的藝術品。
- 電腦旁邊放一張來自遠方的明信片，隨時一看就能聯想起美好的回憶。
- 放一些香草或乾燥的薰衣草，讓室內空氣常保清新。
- 辦公椅背掛上一件奢華的披肩，免得吹冷氣時著涼。
- 放一套瓷製茶杯與茶碟，或是你最喜歡的一個馬克杯，專門在休息的時候拿來喝茶或咖啡。從家裡帶一套真正的純銀餐具，即使在辦公桌上吃午餐也氣氛十足。

・從家裡或是市場帶一束鮮花，每天為花瓶換一次水，大概可以開一個禮拜。再不然，你還可以帶一盆蘭花或非洲堇來美化空間。

午餐

不論是自己一個人對著辦公桌，或是旁邊有個不會說話的小嬰兒，午餐都不應該將就了事。請不要再盯著電腦瀏覽網路，漫不經心隨口塞下你的午餐。請細嚼慢嚥，認真嚴肅地享受這一餐，就像一天之中的其他正餐一樣。

午餐可以帶來不一樣的活力。我很喜歡午餐。不同於像是揭開一天序幕能夠滋養身體的早餐，午餐比較像是一場戲的換幕休息時間，你可以暫時喘一口氣，輕鬆一下。午餐可以看自己的心情選擇吃什麼，順從自己身體的聲音。如果不是很餓，不妨喝一小杯奶油蘆筍湯和一杯冰茶。如果很餓（沒吃上午茶的話，八成會很餓），也可以大嚼一頓。在家用餐時，請試著把你的午餐擺得漂亮美味一些，外帶的餐點也請用個漂亮的盤子裝盛。還有，記得備上餐巾，用餐完畢順手收拾餐桌。

我發現自己在家裡吃午餐時有個怪習慣。早餐和晚餐我會先把餐桌清乾淨，再把料理擺好。可是午餐我就沒這麼講究，我會在凌亂的辦公桌上、堆滿雜物的廚房櫃台邊邊——反正家裡隨便一個角落——窩著吃。嗯，真奇怪，為什麼我對於午餐那麼不在乎呢？晚餐我絕對不會在辦公桌上一邊看 Instagram 一邊吃，可是午餐我就會這樣，何解？

後來我知道原因了。因為早上的事情太多，到中午已經累壞了，如果午餐只有五分鐘的時間，你可能只想窩在筆電前面，打開八卦網站，稀哩呼嚕地填飽肚子。對於一個在家顧小孩的媽媽而言，一個早上的辛苦可能不下於一整天忙碌的工作，而午餐是難得的休息時間。你可能覺得一邊上網一邊吃飯是忙裡偷閒，事實卻不然，吃完飯之後你並不會有充過電的感覺。為什麼？因為你吃得太快了；你根本沒注意自己在吃什麼，當然也嘗不出什麼滋味來，你甚至沒發現自己已經吃飽了，只是配著電視劇或網路上的新聞，無意識地咀嚼吞嚥。像這樣吃完午餐，怎麼可能會有神清氣爽的感覺？

想要真正的忙裡偷閒嗎？即使只有五分鐘，也請在乾淨的桌子前端正地坐下來，用上家裡最好的餐具、餐盤和餐巾，慢慢地享用午餐。我們的生活那麼緊張匆忙，時不時就在看手機、讀新聞、傳簡訊、看臉書動態，一心多用。如果能夠暫時關掉這一切，心無旁騖不是很棒嗎？即使只有短短的五分鐘，也足夠我們恢復精神、補充營養，讓我們的靈魂饜足。如果有心情的話，午餐時可以放音樂來聽，不過，有時候安安靜靜最舒服。

如果沒有空桌子，只能在辦公桌上吃午餐，那也請把手機正面朝下蓋住，將電腦設成睡眠模式，再把辦公桌清一小塊空間出來，然後專心地慢慢用餐。你可以觀察一下自己的狀況：如果腦筋開始亂想白天遇到的麻煩，請立刻拋開，告訴自己這一刻沒事，你正在吃飯；如果手機響了，不要理它；如果你很想上網，記住這股衝動有多強烈，但請忍住別屈服。好好吃完這一餐，啜飲一口餐後的飲料，用餐巾擦嘴，靜坐幾秒，集中精神。給自己這一點點時間很重要。做完這些，你又可以開始忙了。看看是誰傳了訊息給你，上網追一下最新的明星八卦，把你苦思了一個早上的電子郵件寫好寄出去。今天雖然還是一樣的忙，但起碼你有五分鐘的時間可以逃離這一切，將心神投注在別的地方，也就是你眼前的午餐。

剛開始可能很難習慣，但請務必堅持下去，這是這本書的頭等大事之一。請你一定要專心吃午餐，不要邊看電視邊玩手機或電腦。唯一的例外是可以一邊聽音樂。就算你今天還沒來得及查看電子郵件，就算網路上有一篇文章你超級好奇，也別在吃午餐的時候看。最好能把你的腦袋放空，不要考慮任何問題。唯有如此，你才能趁午餐的時候充電，提振精神，而不是讓思緒從早到晚轉個不停，心神不得寧靜。專心吃午餐是對你有許多好處的一種奢侈，更是一種時尚。

時尚祕訣

與其把晚餐的剩菜全裝進一個大大的保鮮盒裡，不如分成幾個小盤子裝，方便隔天午餐加熱享用。這樣不僅能節省午餐的準備工夫，而且打開冰箱看到這些事先搭配好，分裝在小盤子裡的料理，感覺更加美味可口。

適合午後的香氛蠟燭

在沁人心脾的暖香環繞之下，午後時光的氛圍顯得特別愜意。香氛能給人一種舒適感，午後在家裡點上香氛，真是一件奢侈的享受。

- 香草
- 焚香
- 甜杏仁
- 無花果
- 肉桂
- 蜂蜜花蜜

靜思時刻

習慣專心吃午餐後，你可能會發現自己在一天之中需要更多這樣心靈獨處的時刻。你可以盡量找機會靜思，不一定要花上半小時打坐（如果可以當然最好），即使只有兩分鐘的獨處時間，只要閉上眼睛深呼吸，就能達到平靜的效果。暫時遠離各種螢幕、壓力和情緒，打斷一整天緊湊焦慮的步調與情緒。短暫的靜思能幫助你做事更順利。

放學後的行程

如果有小孩，你午後的作息大概得配合孩子才行。我的小孩現在年紀還小，所以我午後的行程包括午睡、接小孩放學、課後活動以及遊戲約會。我有一個堅持，那就是不要報太多才藝班把孩子的時間填滿。有很多家長害怕輸在起跑點，所以現在的才藝班五花八門，幾乎什麼都有，輕而易舉就能把孩子每天下午的時間排得滿滿的。不過話說回來，為什麼大家那麼熱衷於為孩子報那麼多才藝班呢？是因為小時候沒有這些課程，所以產生補償心理嗎？還是因為希望孩子進最好的大學，成為人生勝利組？我能夠理解這種心情，可是會不會其實只是我們不知道下午該做什麼，害怕孩子無聊？

我小時候每週會上一次鋼琴課，其他天沒課的下午，時間全都是我自己的，我可以到外面和鄰居小朋友一起玩，直到晚餐再回家（還記得那個年代嗎？）我和小夥伴們會騎腳踏車、爬柵欄、爬樹、在家裡後院假裝玩雲霄飛車和搭帳棚。我們的遊戲充滿想像力，而且可以呼吸戶外的新鮮空氣。如果沒去找朋友玩，我自己也可以玩得很開心。我在家裡樓下的衣櫃開了一家偵探事務所，似模似樣的製作了宣傳單和客戶檔案，營業項目包括尋找失貓和不見的飾品，至於價錢嘛，當然開得很低。除此之外，我還讀了很多書。我會和我家的狗狗金毛一起待在後院，在草地上鋪一塊野餐墊，躺著看好幾小時的書。現在回想起來，我的童年生活真是自由自在，我也想讓我的女兒有這樣一段無憂無慮的歲月，不必每天在學校和才藝班之間疲於奔命。就算下午不上學，還是有很多東西可以學。

把孩子的學習課程排滿，他們長大後確實會擁有更多技能，但他們並沒有學會珍惜一個人獨處思考的重要性。他們被剝奪了做夢的空間，沒空去想自己想做什麼或對什麼感興趣。時代變了，我們的孩子並不能像我們以前那樣，晚餐之前一個人在街坊裡玩耍。但是，假如我們現在讓孩子自己安排午後的時間，他們又會做什麼呢？或許他們會在房間裡用床單、掃帚和手電筒玩露營遊戲，或是到後院用樹枝、石頭、泥巴和小蟲子做泥巴派。他們可以在沒有大人監督干涉的情況下獨立思考，自由揮灑想像力。他們可以好好休息放鬆，不必被學業或任何比賽的競爭壓力追著跑。他們會因此成長，而且我相信，他們不會覺得這樣的自由時間無聊。

我的女兒除了上學之外，目前每週只安排一到兩個課外活動。每個家庭的情況不同，對我們來說這樣剛剛好。另外，每週頂多還有一次遊戲約會。大多數的下午我們沒有預定行程，我拒絕了很多邀請。人生充滿壓力，我們要競爭、獲得資格、被看見、被接受……這是一場永無止境的競賽。我的想法是，在孩子成長的過程中，持續觀察他們的興趣，確保他們對藝術或體育的天分獲得充分發展，但不要把他們每天的功課排滿，連停下來發個呆的時間都沒有。

嬰幼兒

家有嬰幼兒，每一天的生活都像是在打仗，光是走去開車的這段路，就夠驚險刺激了。前一陣子我帶著女兒去赴朋友家的遊戲約會，忍不住開玩笑說，自己這趟路簡直像是荷馬史詩裡奧德賽（Odyssues）千山萬水的歸鄉之旅。帶著嬰幼兒，我的原則是一天只做一件「大事」，所謂的「大事」可能是在公園的遊戲約會，或是去雜貨店買日用品。我的女兒們一個正在學走路，一個還沒到學齡，我一個人一天最多只能應付一件大事。

我不覺得虧待了孩子，因為對小小年紀的他們來說，坐著嬰兒車去雜貨店看到各式各樣的食物，見到形形色色的陌生人，就跟去公園一樣好玩。再尋常不過的日常小事，在他們眼中都變得非常不得了。但要是我表現出疲倦不堪的樣子，他們可能會以為媽媽討厭去雜貨店，而他們眼中原本閃閃發光的有趣事物，也會跟著變得索然無味。

朋友曾經取笑過我，說我在聖塔莫尼卡閉關，不出去玩也不找人來玩。我覺得這沒什麼大不了，如果真的很累，勇敢地拒絕吧！不要害怕得罪朋友，真正的朋友會體諒你的處境，你不需要找藉口或想什麼善意的謊言。你可以坦白直言：「我覺得很累」或單純說「不」就好。照顧嬰幼兒需要付出龐大的心血和精力，你沒必要討好或配合別人。照自己的步調生活，想好一天的行程，確認自己能夠完成該做的事，然後想慢慢來就慢慢來，想散步跨越大半個城市去博物館就去。聽從自己身體發出的訊號，該緩則緩——這不就是我們想要教會孩子的道理嗎？

〔時尚祕訣〕

- 把日常瑣事當作好玩的事，你的孩子也會覺得有趣。

- 如果很累但事情做不完，不妨重新思考一下遊戲活動的內容。孩子的遊戲約會不見得總要多刺激才行，去店裡挑牛奶和桃子也可以是一個遊戲。慢慢來，好好享受這個過程吧。
- 等你打算讓孩子自主安排自己的時間時，可以給他們放幾個下午的假，讓他們好好放鬆，想想自己要做什麼。
- 以身作則。你想要他們做出什麼改變，先親身示範怎麼做，言教不如身教。

精神不濟對策

即使我們改變了心態，懂得從午後的工作找出樂趣，還是可能會精神不濟，難逃沉悶和瞌睡蟲的攻擊。

要盡可能享受午後之樂，把握進度是很重要的。相對於生氣勃勃的早晨，午後的時間讓人覺得比較遲滯。如果沒有毅力，很難按時完成所有工作。

毅力靠的是兩個祕訣：面對現實以及獲得內心平靜。當你覺得無聊的時候，問問自己為什麼會這樣。你能夠專注完成眼前的工作，而不讓自己感覺無聊嗎？少有人會覺得有趣的某一件事情，就代表你一定也會覺得無趣嗎？

精神不濟的時候該怎麼重振精神？會不會只是因為大家都覺得下午悶，於是心裡就預設了立場，跟著犯懶呢？千萬不要讓自己陷入這種典型的集體意識。有時候我一覺得沒精神，反而會不服輸，故意規定自己某件事要在多少時間內做完。比方說，我會定時十五分鐘，挑戰自己在時限內把客廳整理乾淨，或是結清所有帳單（或是任何一件待辦事項）。

照顧孩子一整天下來，我經常覺得自己快撐不下去，再也提不起一絲力氣了。看到時鐘才下午三點，這時我會面對現實：離小孩上床睡覺還有四個小時，我必須在這段時間內煮好晚餐、收拾善後、幫小孩洗澡，還有讀睡前故事。這些都是不能不做的事，我能夠燃燒我的小宇宙，激發最後一絲潛能，拚命在預定時間內完成這一切嗎？還是乾脆自暴自棄，拖拖拉拉了事算了？

以平靜的內心面對現實狀況，才是最好的辦法。沒錯，我累壞了。沒錯，我只想等孩子睡覺後，和先生一起喝一杯紅酒，一起看《紙牌屋》（House of Cards）。面對眼前不得不做的事，例如把地板上的黏土刮起來，我該怎麼獲得內心平靜？我心裡只期待過完這一天，能夠好好休息，可是這一天還沒結束，除非我能享受這之間的過程。但是該怎麼覺得享受呢？把步調放慢一點？或是給自己打氣，催眠自己能夠克服倦怠感？有好幾次我覺得不可能了，卻訝然發現自己還能重新爆發出新的精力。

排除自己對於下午預設的所有消極意識後，你將豁然發現午後的時光竟然如此多采多姿。改變心態後，即使只是回覆工作上的電子郵件、幫寶寶換尿布，每一件事都變得那麼有意思，要趕上工作進度也不再是難事。

有時候，僅僅只是一個不經意的動作，或是一個受到啟發後的決定，就能幫助你順利完成午後的工作。以下是我的一些提神祕訣，你也可以發明新的方法。

- 聞聞自己手腕上晨間噴灑的香水味。
- 打掃房子時，一邊聽自己最近最喜歡的專輯。
- 窩在自己最愛的扶手椅裡，好好享用下午的那一杯茶。
- 休息時走出戶外，呼吸新鮮的空氣，曬曬太陽或淋點小雨。把鞋子脫掉，光著腳踏踏草地，畢竟難得親近大自然。
- 笑口常開。還記得前面提過，我要開車得爬七層樓的停車場嗎？有一次我把車子開下了幾層樓，看到一位騎摩托車的硬漢（戴頭巾、穿牛仔背心的那一種）。他不高興電梯沒開，正在用腳踢門，一轉頭就看到我。我給他一個真誠的微笑，沒想到這位看似不苟言笑的硬漢看著我，回了個露齒一笑。或許他因為被人家看到踢電梯門而不好意思，也或許只是受到我的笑容感染。那一刻，我們有了短暫而友善的交流。笑口常開，你會有更多驚喜的人際互動。

時尚祕訣：香氛鍋

打算整個下午宅在家嗎？來煮個香氛鍋，用自然的方法薰香整間屋子吧！用爐子煮開一小鍋水，丟入你最喜歡的瓜果外皮，加點香料或香精油，滾個幾分鐘後再轉小火慢煮，想讓香氣薰多久，就煮多久。記得每隔三十分鐘加一次水，免得將這些香料混合物煮焦。果皮可以選檸檬、柳橙、蘋果或鳳梨，另外加上一些肉桂棒和丁香（冬天）或幾滴香草精（熱天）。煮一鍋香氛鍋，你的家將會瀰漫宜人的香味。唯一要注意的是，出門前一定要記得熄火。

當日整理任務

每天安排一個整理任務，對於長期維持居家整潔非常有幫助。我通常選擇午後來做，你可以另選自己方便的時段。整理任務可大可小，小的像是檢查及清理家裡動線的雜物，大的像是整理一個儲藏架或一個浴櫃抽屜。每天花一點時間愛護你的家吧！

當日整理任務的例子如下：

- 把包包裡的東西全部倒出來並重新歸置。包包的內容物應該要定期清理。
- 檢查並整理玄關隨手物品（鑰匙和信件等）的收納處。
- 整頓一個抽屜，例如床頭櫃抽屜、廚房雜物抽屜或書桌抽屜。
- 清空內衣抽屜，汰舊換新。把胸罩和小褲褲排得漂亮整齊，明天要拿內衣的時候，一看到心情就很好。
- 把樓梯上的籃子拿回樓上，裡面的東西物歸原處。
- 別漏了你的車子！車子裡的垃圾，還有任何不應該放在車裡的東西，統統清出來。

• 招募幫手！當日整理任務不必全靠自己完成（你的包包和貼身內衣抽屜除外，這些東西或許不適合假外人之手）。

〔多用途清潔醋〕

- 一杯水
- 一杯蒸餾白醋
- 四十滴薰衣草精油或茶樹精油

把上述原料放入玻璃噴霧瓶內攪拌均勻，然後儲藏在陰涼處。

薰衣草可以有效掩蓋住醋的味道，我完全迷上了它們混合的香味，一聞就感覺「潔淨」。薰衣草和醋兩者都有抗菌成分，醋本身就是天然無毒的多用途清潔劑，對環境友善，而且效果不輸大部分的市售清潔劑。我自己做的這個多用途清潔劑是我最喜歡的清潔劑，我永遠都有備貨。因為我實在太愛它，假日時甚至會做好幾批分送鄰居和朋友，並且把配方用一個大大的蝴蝶結綁在玻璃噴霧瓶上。說不定他們用這個清潔醋擦東西的時候，就會順便想起我，哈哈！

規劃菜單

如果你不想再陷入不知道要吃什麼的苦惱裡，那就拿起家裡的食譜書，坐下來規劃下一週的菜單吧。順便列一張購物清單，免得像個無頭蒼蠅在超市裡面亂逛亂買（我數不清有多少次亂買了不需要的東西）。你可以把本週的菜單貼在冰箱上，讓家人有所期待。別害怕固定菜單，比方說，冬天的每個禮拜一可以固定吃燉菜搭配熱呼呼的脆皮麵包和奶油，禮拜二是墨西哥薄餅之夜。怕吃膩的話，可以嘗試不同的食材，例如這一週的墨西哥薄餅不要夾雞肉，改夾魚肉或蔬菜。

雖然我從來沒看過「時尚夫人」煞有其事地坐下來寫本週菜單，可是她每天晚上都有辦法生出至少三道熱呼呼的美味料理。天天辦出一桌豐盛的菜色，如果沒有事先規劃是辦不到的，不論「時尚夫人」是在買菜前寫了清單還是在腦子裡計算過，總之每天的晚餐都很成功，全家人都很期待。

如果你想跟「時尚夫人」一樣厲害，可以先學會幾道拿手菜，成為精通這幾道菜的行家。固定時間吃固定的料理，不見得會很無聊。你可以為了禮拜二的墨西哥薄餅之夜，變成墨西哥薄餅行家。在我們家，夏天我會用新鮮番茄自製家傳莎莎醬，一般是搭配雞肉，不過我後來發現用香料醃漬里肌肉去烤，替代雞肉也很不錯。新鮮的鱷梨和胡荽葉也是不可或缺的配角，我們家前門外的香草盆栽就有種胡荽，隨時都能摘來用。冬天的話，我會選擇我喜歡的牌子的罐裝莎莎醬，像是帶點甜味的煙燻蜜桃莎莎醬，或是嗆辣的哈瓦那萊姆莎莎醬。我們還樂衷於嘗試各式各樣的起司。外子因為不愛小麥，吃的是玉米餅。我們的禮拜二墨西哥薄餅之夜已經如臻化境，百吃不厭。

規劃菜單的時候，要把季節列入考量。盛夏時節，你大概不會想做你拿手的牧羊人派焗烤料理吧。你可以把自己的拿手菜列成兩份菜單，一份熱天一份冷天。夏天享用新鮮的蔬菜、烤肉和西瓜，冬天換上暖呼呼的燉菜和鹹派。

時尚的午後消遣

每日午後，花一點時間做一點風雅之事，從繁忙的工作之中暫時脫身，喘口氣變換一下心情。

- 提筆寫信給遠方的朋友……然後郵寄出去。
- 把花朵綁成漂亮的花束（放一把在孩子的房間裡，給他們一個驚喜）。
- 剪貼家族相簿或剪貼簿。
- 窩在你的閱讀角落，坐下來讀一本好書。
- 到陽台伸展一下四肢。
- 每天花幾分鐘的時間寫詩，累積一本詩集。
- 彈鋼琴二十分鐘（我幾乎天天彈，這是我的心靈食物）。
- 幫蘭花和其他室內盆栽澆澆水，修剪枝葉。別忘了把葉子上的灰塵弄乾淨。
- 戴上遮陽帽和園藝手套，在你的戶外花園待半小時照顧植物。
- 學習一個新的嗜好，每天下午花一點時間練習。比如說，寫書法、學新的語言、作曲、編輯家庭影片、製作果醬、打毛線、刺繡……

只要你有興趣的都行。

晚餐準備

期待晚餐吃什麼，是下午的樂趣之一。規劃好一週菜單，備妥食材後，下午可以提前先做料理。假如晚餐是牧羊人派，這時可以先把馬鈴薯煮熟搗成泥，總之能事先做好的，盡可能先做好，這樣晚餐料理起來就輕鬆多了。咖哩飯的白飯可以先煮好，蔬菜也可以先洗好切好。如果你下午不在家，在早上（或前一天晚上）用慢燉鍋準備晚餐也是個好辦法。你可以先將蔬果去皮切好，冰在冰箱中備用。事先完成花時間的麻煩步驟，一方面晚上不必趕就能快速做好晚餐，二方面廚房也不會弄得一片狼藉。

週一備餐

這一個禮拜分量的餐點，可以找一天一次準備好。禮拜一的下午，你可能正要準備當天的晚餐，既然東西全都拿出來了，廚房也已經亂七八糟的了，與其只做一頓飯，何不乾脆多做幾頓。像這樣的時候，我會一口氣拿出好幾個砧板、電飯鍋和保鮮盒。烤箱設定預熱，把蔬果拿進去烘烤，同時煮好夠吃好幾餐的糙米，在爐子上煮一些扁豆。至於還不打算拿去烘烤的蔬菜，例如胡蘿蔔，我會去皮切片，裝入保鮮夾鏈袋，等到幾天後的晚餐要用再拿出來烘烤。

我這個禮拜一是這樣備餐的：將兩袋胡蘿蔔去皮切片。烘烤五顆甘藷和一整顆大蒜。烤四顆帶皮馬鈴薯和四顆紅椒。在爐子上燉煮一鍋扁豆。用電飯鍋煮兩杯糙米。把豆腐切碎，用甜醬油膏翻炒（我們家這禮拜吃了好幾頓素食）。還有，在爐子上用水煮豌豆。當天晚上，我們的菜色是烤馬鈴薯佐豌豆，配上我先生做的羊排。接下來的幾天晚上，我有事先煮好的糙米飯和烘烤好的紅椒（剛出烤箱立刻裝入保鮮夾鏈袋，灑一點橄欖油和一撮鹽巴，紅椒皮就會完美的剝落，隔天涼涼的吃非常好吃）。我每個禮拜的備料會有一些變化，但多虧了週一的事前準備，我一整個禮拜的晚餐都能輕鬆完成。每天晚上，我只需要多弄一兩道料理，不必從頭到尾整治出一桌菜色。

你可以事先煮好幾種肉和義大利麵，或是做一大鍋湯拿一半去冷凍。

我選擇在週一備餐，因為這是一個禮拜的第一天，我通常精神比較好。等到禮拜四我已經沒力了，幸好不必擔心沒有健康的東西給小孩吃。這就是有備無患的好處！

〔時尚祕訣〕

如果全家要外出一整天，我習慣在當天早上出門前，用慢燉鍋準備好晚餐。慢燉鍋的好處是煮好之後不必多加料理，一出鍋就能吃，而且煮了一整天，滿屋子都是令人垂涎的食物香味。在外面累了一天，一到家就有熱騰騰的晚餐可以吃，實在太幸福了。

我們家上次出遊是去拉布雷亞瀝青坑（La Brea Tar Pits），跟著恐龍化石的遺跡，徒步橫跨一整座小鎮，結果大家都很餓。我們在那邊吃了午餐，夕陽西下時到了家，我萬般慶幸燉肉已經煮好了，不必多費工夫做晚餐，這一天就這樣劃下完美的句點。

招牌菜

小時候每到夏天，我們全家會開車去爸媽的朋友湯姆和南西的家玩。湯姆和南西的家裡有個游泳池，對我姊和我來說簡直是酷斃了。每次我們去玩，湯姆就會用烤肉架生火，烤起他招牌的三尖牛排，配菜一定有沙拉和烤馬鈴薯。湯姆的牛排肉質軟嫩，醬汁鮮美之極。在他們家，我對於品嘗牛排的期待，完全不亞於去游泳池游泳。我至今仍難以忘懷在他們家作客有多麼愉快。食物能夠觸發我們強烈的記憶，你所愛的人一定會記得你的招牌拿手好菜的滋味。

「時尚夫人」是徹底傳統的法國女人，從她家的裝潢風格到擅長的燉燜蔬菜，無一不散發出濃濃的法式傳統。她的招牌菜理所當然全都是法國傳統料理。晚餐少不了的蛋白質，大多是雞肉、魚肉或煎蛋捲。肉類料理一定會搭配法式傳統醬汁，像是奶油醬或白醬。配菜會有煸蔬菜或她招牌的燉燜蔬菜。根據標準的法式套餐，這些主餐後面還有一道沙拉。至於她的招牌甜點，則有蘋果餡餅、焦糖布丁和香橙利口酒水果沙拉，這些都還只是平常日子就吃得到的家常甜點呢。

〔巴黎風豪華水果沙拉〕

「時尚夫人」會做這道水果沙拉給家人吃，也會做來招待貴客。這道水果沙拉是爽口的甜點，用高腳水晶碗裝盛，絕對是套餐的完美結尾。我對「時尚夫人」的食譜做了一些調整，以下是我的配方：

- 六至八杯切丁的新鮮水果（以下水果可任意搭配：草莓、香蕉、葡萄、奇異果、芒果、柳橙、覆盆子、藍莓、桃子、蘋果）
- ¼至½杯的柑曼怡（這是一種香橙利口酒，分量看你喜歡酒味多濃，還有使用的水果量而定）
- ¼杯柳橙汁
- 一至二茶匙的砂糖
- 裝飾用的剁碎薄荷

將水果去皮切丁，大小盡量一致，然後裝入精緻的碗裡。將柑曼怡和柳橙汁淋在水果丁上，撒上砂糖，全部攪拌均勻，再撒一點剁碎的薄荷。最後可以將沙拉碗放在漂亮的盤子上。

〔時尚祕訣：招牌菜食譜〕

你可以用小的活頁本收集食譜，做成一本招牌料理食譜書。食譜的來源有雜誌、網路或食譜書。你可以把喜歡的料理剪貼、列印或影印下來，集結成冊，這樣查閱起來更方便。規劃菜單或是不知道該怎麼備料時，只要打開這本充滿家人最愛料理的自製食譜，就能獲得靈感。以下是我的自製食譜書收集的一些招牌料理：牧羊人派、韭菜和奶酪餡餅、菠菜和山羊奶酪撻、蜂蜜豉油雞、雞肉墨西哥薄餅、楓糖鮭魚、韭蔥馬鈴薯湯、扁豆飯、燉牛肉餃子、慢燉鍋燉肉及馬鈴薯與紅蘿蔔、蘋果派、莓果酥粒派和無麵粉巧克力蛋糕。

外出

午後外出是我們家維持生活平衡的重要活動，雖然不是天天都有。工作那麼辛苦，我們值得找點樂子，外出做些不尋常的事，即使獨自一人也無妨（事實上，一個人外出可能更有趣）。你可以到附近的博物館花園喝茶，或是看場午後的電影，吃一些爆米花。總之就是做一些好玩的事。如果沒有人陪，自己一個人去逛逛也不錯。請務必擠出一點時間，到外面散散心。

工作特別辛苦的時候，更應該好好放鬆，最好能多休息幾次，一次只有一小時也好。小孩子去上學後，你可以坐在斷崖邊看海嗎？你的另一半晚上回家後，你可以偶而和女性朋友外出吃晚餐嗎？我的朋友麗莎告訴我，她有位鄰居媽媽養了一對雙胞胎小男孩，那位媽媽常在先生回家後，自己去外面吃壽司。那是她獨享的迷你休假。外出活動可以僅僅只是到附近公園觀賞水鴨，也可以高級一點，到你最喜歡的博物館看一場藝術展覽。外出有助紓壓，排遣午後的無聊，豐富你的生活。

郵件

處理郵件也可以是一件愉快的日常活動。一收到郵件，請立刻整理，把拆開的信封或垃圾信拿去回收。帳單應固定放在同一個地方，這樣就不會忘記準時繳納，付完的帳單則另外歸檔。如果可以，留一個抽屜專門放郵票、筆、信封等郵件相關用品。我發誓，過去十年來我真的常常在喃喃自語：「筆去哪裡了？」或「郵票收在哪兒啊？」沒辦法，誰教我女兒會把郵票當貼紙玩，我只好把郵票四處藏匿起來。不過，家裡就算有小孩子，其實只要把郵票集中放在一個他們拿不到的地方，就不怕你全新的永久郵票冊被他們拿來裝飾 Hello Kitty 午餐盒了。

就從這個月開始，養成將帳單妥善收集、分類、繳納及歸檔的好習慣吧！堅持不懈一個月後，你將會習慣成自然，不僅郵件收納井井有條，而且再也不會忘記繳帳單。

繳納帳單

要聊繳納帳單之前，先來做一件事，那就是在你下次繳費時留意自己的心情——是否一看到帳單就感覺惶恐，冒出金錢上的負面情緒。我以前也是這樣，帳單令我心生煩躁，一看到大筆金額（呃，即使是沒多少錢）的帳單，第一個反應就是焦慮，而且這種微妙的負面情緒會一直延續到下一次打開帳單時。

如果你也有以上症狀，試著在下一次繳納帳單時做個練習吧。當你看到帳單時，心裡瞬間產生了什麼金錢和財務上的負面念頭？例如：「付完這筆帳單，下禮拜就沒錢過活了。」「為什麼我的餘額老是見底？」「我永遠存不了錢。」「為什麼存錢的速度趕不上付錢的速度？」「每次錢一入帳，轉手就要付出去。」把你腦海浮現的壞念頭統統記下來，然後觀察自己的心情受到什麼影響。我猜光是唸出這些想法，就夠令人渾身不舒服了（我光是寫這段就覺得心浮氣躁！）仔細感受你內心的焦慮，然後排除它，不要讓它滯留在你的潛意識裡；承認它再釋放它，不要放不下。等你成功驅逐這些壞念頭，鍛鍊出堅強的心臟後，你的心才有空間容納正面的能量。我知道這聽起來很玄，但我真的沒在開玩笑。

另外，正面肯定自己的金錢狀況，或許能化解你對帳單的負面想法。你可以告訴自己：「我的錢夠付這筆帳單。我很富有。我對錢負責任。一切都會好起來的。」直到現在，每當我要付帳單的時候，我都會端正姿勢坐好，全神貫注地寫下支票。專心是很重要的。一開始我就像前面說的那樣，我一發覺自己對錢的負面想法就立刻排除，坦然面對我的焦慮，然後送走它們。現在，我付帳單的時候不會再產生負面想法了，而且能準時繳納。這並不是奇蹟，這靠的只是訓練自己的意識。排除焦慮的情緒，並不代表讓你的心寬到刷爆信用卡，瘋狂購物毫無壓力。你還是要對錢負責。能夠想通這一切，甚至讓我對錢更負責任。當我們焦慮的時候，很容易亂買更多東西。這是出於自暴自棄的心理，反正都沒錢了，乾脆爽快地花掉吧。但經由訓練自己的意識，我們可以保持清晰的頭腦來面對帳單和任何支出，不受負面情緒影響，堅持只買自己真正需要、有價值的東西。

〔下午茶〕

「寧可三日無米，不可一日無茶。」——中國古諺

〔選茶指南〕

- 紅茶：味道濃郁，含有咖啡因的一種茶葉，產地大多來自斯里蘭卡、印度和中國。
- 英式早餐茶：味道濃郁，混合多種紅茶茶葉（通常有阿薩姆），適合早餐時加牛奶（和糖）飲用。
- 伯爵茶：帶有佛手柑和柑橘油香氣的紅茶，濃郁的味道適合加牛奶和糖來調和，是很多人下午茶的首選。
- 印度茶：混合薑、荳蔻、肉桂、茴香、丁香和黑胡椒等多種香料的紅茶，加牛

奶和糖飲用，早上和下午都很適合。

- 大吉嶺：帶有細微花香的紅茶，純喝或加上一片檸檬最佳，在下午飲用讓人神清氣爽。
- 阿薩姆：味道濃郁、帶有焦香的印度紅茶，可以加牛奶和糖飲用，是早餐和下午茶的熱門選擇。
- 錫蘭：來自斯里蘭卡的紅茶，味道強烈，帶有柑橘香氣。可以加牛奶、糖或檸檬飲用，特別適合當下午茶。
- 正山小種：帶有松木燻香，味道強烈的紅茶。口味不是那麼大眾化，喜歡的人很喜歡，不喜歡的人很難習慣。如果你喜歡苦後回甘，帶有焦香味的紅茶，可以試試。適合加檸檬和糖飲用。
- 烏龍茶：味道溫和，含咖啡因的傳統中國茶，品種從紅茶到綠茶都有。據說喝了能幫助減肥。清爽的味道適合單喝，不需要加牛奶和糖，是早上和下午都很適合的飲品。
- 綠茶：源自中國和日本的一種含咖啡因茶葉，會用抗氧化劑包裝。眾所周知，綠茶對健康有很多好處，而且幾乎所有品種都是單喝就很好喝，不過也可以加一點蜂蜜或檸檬。綠茶在早上和下午飲用都很不錯。
- 平水珠茶：最受歡迎的中國綠茶品種，茶葉經過揉捲成圓珠狀，泡的時候才舒展開來。

- 龍井：味道滑順，帶著烘培過後的香氣。
- 煎茶：味道清爽的日本綠茶，茶葉呈細針狀。
- 茉莉花茶：混合多種綠茶，再加入茉莉花加工而成。茉莉花茶香氣撲鼻，特別適合喜歡聞茶香的人。
- 白茶：一種低咖啡因的茶葉，特色是抗氧化物含量高。許多白茶會摻入果香或花香（例如蜜桃白茶就很討喜）。白茶的茶色淺淡，味道纖細溫和，與蜂蜜特別對味。
- 草本茶：混合多種草本植物、香料和其他植物加工而成，不含咖啡因，抗氧化物含量高，所以對健康有很多好處。草本茶種類繁多，詳列的話篇幅太長，我這裡只介紹最普遍的草本茶。因為不含咖啡因，任何時候皆適合飲用，晚上喝也不怕影響睡眠。有很多種草本茶適合餐後飲用，尤其是吃完大餐後，能夠幫助消化。
- 洋甘菊茶：這種溫和的草本茶最出名的地方在於能夠健胃助眠，泡過後的茶色呈淡黃色。除了單喝，還可以加檸檬與蜂蜜。
- 人參茶：用人參根製成的茶，因為幫助消化，很受歡迎，也很適合在身體微恙的時候飲用。味道強烈嗆鼻，加上檸檬和蜂蜜特別對味。
- 檸檬薑茶：還記得我提了好幾次的招牌飲料熱水加檸檬嗎？檸檬茶超簡單的，把半顆檸檬的汁擠入裝了熱水的杯子裡就完成了。你可以酌量再加入蜂蜜和薑末。檸檬薑茶也很適合身體微恙的時候飲用。

• 薄荷茶：用熱水沏薄荷葉，不僅好喝，還能幫助消化、舒緩神經及消除脂肪，好處多多。加上蜂蜜也很好喝。

• 玫瑰果茶：玫瑰果是玫瑰花瓣底下的部分，泡成茶能夠治療感冒，幫助消化（注意到上面介紹的幾種草本茶的類似療效嗎？）玫瑰果茶味道溫和，美麗的深粉紅茶色散發濃郁的花香。

• 南非國寶茶：源自非洲的南非國寶茶又稱為紅灌木茶，味道溫和順口，茶色如深紅寶石。除了單喝，還可以加牛奶與糖。

啊！下午茶真是一天中的美好時光。來一杯熱茶，一個人靜靜地讀一本書，或是準備一些三明治和司康餅，邀請三五好友一起享用下午茶，都是度過一個愜意午後的好方法。下午茶可以很隨意（如同早午餐和上午茶，沒那麼正式），在家裡宴客比正餐輕鬆得多，想簡單或精緻一點都行。

接下來介紹三種下午茶，你可以根據場合的正式程度來選擇。

隨興的下午茶

隨興的下午茶超級簡單。邀請一兩位好友，煮一壺熱水，把餅乾排在漂亮的盤子上，或是端出一個樸素的蛋糕，就可以開個輕鬆的下午茶會了。我每次做蛋糕的時候，習慣分成兩批，其中一半放到冰箱備用。如果要烤磅蛋糕或杏仁味的長條蛋糕，我會用小一點的麵包烤盤，多分幾次烤。以前我們家常常做大蛋糕，幾天內沒吃完，剩下的就壞掉了。所以我覺得做小一點，一部分吃掉，剩下的拿去冰，這樣才不會浪費。我在家最常辦的就是這種氣氛親密、感覺隨興的下午茶。

今年夏天，我邀請了兩個剛生小孩的女性朋友來家裡吃下午茶，我做了藍莓蛋糕招待她們。她們兩人因為缺乏睡眠累壞了，看到有人為她們做了蛋糕泡了茶，都特別感動。我們坐下來聊天說笑，佐著下午茶享受了珍貴的友情互動。

〔藍莓蛋糕〕

- ½杯奶油，室溫
- ½杯糖
- 1茶匙香草精
- ¼茶匙鹽
- 兩份蛋黃
- 1杯半中筋麵粉
- 1茶匙泡打粉
- ⅓杯牛奶
- 1杯半新鮮藍莓
- 兩份蛋白
- ¼杯糖
- 1茶匙中筋麵粉
- 1茶匙糖

烤箱預熱到華氏三百五十度。取一個八英寸的烤盤，抹上奶油鋪上麵粉。將奶油和½杯的糖攪拌均勻，加入香草精和鹽巴，再放入蛋黃打成滑順狀。混合1杯半的麵粉和泡打粉，與牛奶一起交替倒入剛剛打好的蛋黃糊。將1茶匙的麵粉撒在藍莓表面（這可以避免藍莓沉入蛋糕底部），再將藍莓放入麵糊，用湯匙拌勻，小心不要把藍莓壓破。取另一個碗，將蛋白打發呈軟峰狀，慢慢加入¼杯的糖，繼續打發至硬峰狀，再將打好的蛋白糊以切拌的方式拌入之前的麵糊，拌好後倒入準備好的烤盤中，上面撒上一茶匙的糖，烤五十分鐘或直到蛋糕定型為止。

半正式的下午茶

如果想比隨興的下午茶再稍微豐盛一點，可以多供應一些三明治。以下是我的私房推薦三明治：

奶油起司黃瓜

將奶油起司鋪在麵包片上。把小黃瓜的皮削成條紋狀，留下一半深色的皮，然後切成細條狀疊放上去，再鋪上一片麵包片，去掉麵包皮，再切成精緻的三角形。

快速的熟食店沙拉三明治

如果沒時間準備三明治的餡料，我會到附近的熟食店買小包裝的咖哩雞或蔓越莓金槍魚沙拉，接下來只要把這些餡料抹在新鮮的麵包片上，去掉麵包皮再切成三角形就好了。你可以再加些新鮮的生菜或蒔蘿之類的香草，看起來就像自家製的了。

蛋沙拉三明治

水煮四、五顆蛋（看人數而定，可以多煮幾顆），熟透後剝掉蛋殼，用叉子搗碎。視喜好加入幾匙美乃滋（我個人偏好素美乃滋），與搗碎的水煮蛋拌勻。酌量撒上辣椒粉、鹽巴和胡椒，全部攪拌均勻。如果喜歡的話，可以再加一小匙甜碎瓜。把這些餡料用兩片新鮮的麵包片夾起來，切掉麵包皮，再切成三角形就大功告成了。

水田芥三明治

我的美國女孩洋娃娃「莎曼珊」[2]喜歡吃水田芥三明治當下午茶（我是從書中看來的），於是我也喜歡上水田芥三明治。取新鮮的白麵包或小

註2：Pleasant公司在一九八〇年代推出美國女孩系列，莎曼珊・帕金頓（Samantha Parkington）是其中一個角色。

麥麵包，選你喜歡的香草起司鋪在麵包片上，再疊上洗淨的水田芥，然後去掉麵包皮再切成三角形，就是一道美味的水田芥三明治了。

茶香素三明治

茶香素三明治有很多種作法：鷹嘴豆泥佐小黃瓜切片再撒上鹽巴和胡椒；素美乃滋搭鱷梨；素奶油起司撒上切碎的綜合香草。你還可以把你喜歡的蔬菜刨絲，像是胡蘿蔔和小蘿蔔，總之盡情揮灑你的料理創意吧！

正式的下午茶

除了前面兩種下午茶介紹的料理，正式的下午茶還可以再加上一些點心，像是香檳（香檳和茶……很搭吧？）杯子蛋糕，以及司康餅佐濃縮奶油和果醬。在桌子上鋪一塊漂亮的桌布，從花園摘一些鮮花或是買一束漂亮的花束，光是準備過程就令人心情愉悅。

〈香草杯子蛋糕〉

- 1杯白糖
- ½杯奶油
- 2顆蛋
- 2茶匙香草精
- 1杯半中筋麵粉
- 1 ¾茶匙的泡打粉
- ½杯牛奶

烤箱預熱到華氏三百五十度。在杯子蛋糕烤模裡墊上烤盤紙。將奶油和糖打發，打入蛋繼續打，再滴入香草精拌勻，然後倒入麵粉和泡打粉，全部仔細拌勻。接著加入牛奶繼續攪拌，直到麵團成滑順狀後，分裝入烤模中，高度不要超過四分之三，免得頂部形狀像「瑪芬」。送入烤箱烤二十五分鐘，或直到牙籤插入蛋糕中間再拔出後不會沾黏麵團。

〈新鮮草莓糖霜〉

- 1杯新鮮草莓

• 1杯奶油
• 1杯糖粉，過篩
• 1茶匙香草精
• 2杯半糖粉，過篩

用果汁機把草莓打成泥，再將草莓泥倒入平底鍋，以中火煮到沸騰，持續攪拌，直到草莓泥濃縮到一半為止，這大概需要十五到二十分鐘。濃縮到一半後熄火，讓草莓泥冷卻。用攪拌器把奶油打成輕柔狀，然後加入第一杯過篩糖粉，再滴入香草精。讓攪拌器持續攪拌，交替加入剩下的兩杯半糖粉和幾匙濃縮草莓泥，直到糖粉與草莓完全融合為止。這將會是你做過最棒的糖霜！

茶會花束（任何場合均適用）

要讓花束常保新鮮，每天更換花瓶裡的水是最佳方法，即使在水裡加糖或漂白粉，效果也比不上。鮮花最需要的就是新鮮的水。

粉紅色玫瑰花束

挑選一打以上色調各異（例如紫紅色、淺粉紅、雙喜、桃紅、梅紅、和奶油粉色）的玫瑰花，修剪花莖的長度，讓它們堪堪冒出一個圓形小花瓶的瓶口。方法是先取一枝玫瑰花剪好長度，用左手抓好這枝花，依序加入其他枝花修剪，這樣它們就會繞成一圈，直接放入花瓶裡，錦簇的玫瑰花團從花瓶冒出頭，完全不必多加裝飾就很漂亮。

紫丁香和薰衣草花束

紫丁香加上薰衣草，可以做出香氣宜人的美麗紫色花束。取一個大小適中的花瓶，插入一些盛開的紫丁香花枝，間隙處用薰衣草及其他輔助花材（如飛燕草、紫色或奶油色調的翠菊）之類的配角填滿即可。

浪漫的紅白花束

取一個大小適中的花瓶，放入一打以上的紅玫瑰，修剪花莖，讓花朵約超過花瓶口一兩英寸。間隙處插入白色的輔助花材（如重瓣紫羅蘭或蠟花），高度稍微高過紅玫瑰。如果想要更多層次和香味，可以在花束各處安插檸檬馬鞭草之類的綠色香草。

〔花卉〕

不論從自家花園摘花，或是到農夫市場或花店買花，帶一束花回家並不需要有特別的理由。用鮮花裝飾家裡的玄關或餐桌，讓家人欣賞就是最好的理由。你可以從大花束抽幾枝花出來，做成迷你花束，放在家裡各個令人意想不到的角落，像是浴室、兒童房或廚房，給家人一些驚喜。每個禮拜我都會從窗台摘一些天竺葵，放在化妝室的水晶插花瓶裡，這些小小的粉紅色花朵能夠點亮整個空間。

你不需要為所有迷你花束準備高級的水晶花瓶。梅森的果醬玻璃罐、吃完的果醬空瓶、蘭花盆（沒有洞的才行）、古董薑罐以及空的燭罐，這些拿來當花瓶也很時尚。

沒有鮮花的時候，不妨隨機應變，用野花搭配羅勒、迷迭香或檸檬馬鞭草等香草，做成可愛的香草花束。或者，把薰衣草和迷迭香或鼠尾草插在小巧的插花瓶裡，也很迷人。

放鬆享受完一頓下午茶之後，要收心開始工作可能不太容易，畢竟我們的心思還飄盪在茶杯、珍珠、香草杯子蛋糕和草莓糖霜組成的雲海之中。但是我們總要面對現實的……來吧！一起跟我繼續午後的行程吧！

關於電視的三言兩語

相信各位都有自己愛看的電視節目。不過，我們應該要注意自己看電視的方式，不要把電視嘈雜的聲音當作生活的背景音，成天持續播放。《今日美國》最近做的一項研究指出，即使不看電視，兒童光是聽電視的聲音，精神集中力也會受到負面影響。對於成年人來說，長時間看電視也會對電視的內容感到麻痺。有關健康問題的不雅廣告（各位應該猜得出來我說的是哪一種）、怨偶因為親子鑑定結果而對罵的白天談話節目、主角劇烈爭吵大動手腳的實境秀……這些討人厭充滿敵意的聲音就這樣充斥我們的家。我以前渾然不覺，直到生了小孩後，開始以小孩的角度來看待電視內容，才發覺大大的不妥。所以，現在除非有要看的節目，不然我們不會打開電視，更不會漫無目的轉台找節目打發時間。

度過異常忙碌的日子

總有那麼幾天，事情像是說好了一樣，多得讓你忙不過來，這種時候該如何讓自己不要抓狂呢？舉個例子：你家剛學會走路有小兒熱痙攣病史的小朋友突然說她不舒服。你幫她量了體溫，結果燒到快四十度。現在是半夜，你打電話到急診室，按照醫生的指示照顧小朋友。凌晨三點，全家都沒睡，為了照顧小病號忙得團團轉。凌晨五點半，全家小睡一會兒，等六點就把小朋友叫起來，帶去看醫生。你只睡了四個小時，但新的一天才剛開始。

儘管你很累，而且大女兒生病了，平常該做的事情還是得做——你仍舊得準備早餐、午餐、點心和晚餐。大女兒生病不去上學，孩子們整天悶在客廳裡，事情越來越多。你實在是累壞了，簡直連手都抬不起來。你得帶大女兒去看醫生，但是保姆出國了，先生只好上午請假，在家裡顧嬰兒。

看完醫生，你趕緊帶著大女兒去藥局取藥，前面排了一大堆人，大家都很不耐煩。回家的路上，你又繞去超市買西瓜（病號的要求）和冰棒（醫生的建議，而且病號欣然同意）。等你好不容易到了家，先生看沒什麼大事，又要趕回去上班。接下來六個小時，你得一個人照顧兩個小孩，即使背在痛，精神和體力都到極限了，你還是得撐下去。

你問我怎麼能把這個情境描繪得如此寫實？因為這件事上個禮拜才發

生在我身上！我相信當爸媽的人都有過類似的經驗。小孩子一旦生病，所有預定行程都得跟著大亂，上學、上班、遊戲約會全都得往後挪。有幾次我累到絕望，感覺想哭。準備三餐、日常家事……事情似乎永遠都做不完。我心疼女兒生病（雖然她跟醫生聊個不停的樣子根本不像不舒服），又眼紅先生可以脫身去上班。我連休息幾個小時的時間都沒有，我不能走開。

幸好我終歸還是控制住了情緒。我發現再這樣下去，只會放任不滿和負面的想法毀了我一天的好心情，可是卻於事無補。我開始思考該如何讓事情好轉，回歸正軌。我做的第一個決定就是慢下來，不要急。前面說了很多關於一整天的行程，幾點該做什麼事，但是一旦有突發事件，原本的計畫根本派不上用場。會那麼痛苦，就是因為事情脫出了我的掌控。平常的工作日，我們家就像上緊了發條那樣忙碌，女兒去上學，我帶著小嬰兒一起玩，或是出門辦事採買日常用品。可是當大女兒生病，全家都沒睡好，一整天的行程嚴重落後，我卻還想照平常的步調，試圖按部就班做完所有事情。

停！先慢下來，冷靜思考一下。好吧，事情脫出常軌，沒有關係。現在最優先的事是照顧好大女兒，讓她好好休息。我打開舒緩的音樂，繫上圍裙，用柔軟的毯子鋪了一塊地方讓女孩們玩耍。我打開窗戶，讓新鮮的空氣吹進來。有了音樂和風，家裡的氣氛瞬間煥然一新。我帶著不一樣的心情，去廚房準備晚餐要吃的鄉村魚派（這是一道英國料理，是外子的最愛）。削馬鈴薯皮變成了適合冥想的動作，而不是一件無趣的家事。我可以專心做手上的事，沉浸在居家時光。在毯子上玩耍的女孩們也因為今天過得不一樣而特別開心。

把魚派送入烤箱後，我躺在沙發上，女孩們在旁邊玩，午後的時間靜靜流淌。我們看了卡通，讀了故事書，屋子弄得亂七八糟，不過最終都收拾好了（不是很乾淨，但對於這樣的一天，算是很了不起了）。等外子晚上下班回到家，我們全家一起享用了那道魚派，飯後還吃了醫生建議的冰棒當甜點。

我回顧這一天，發現其實有很多值得慶幸的事情：女兒的病毒感染不是很嚴重，很快就能康復；寶寶依然健康；我們來得及看醫生；藥局離我們家很近；我先生的工作可以請假，我帶大女兒去看病，他能幫忙照顧寶寶；我的菜單規劃和事前採買派上用場，我準備了美味的晚餐，不必臨時訂外賣；我和女兒們午後不必趕行程，愜意地煮飯玩耍，享受了不一樣的一天。

當不好的事情發生，使得你的日常生活脫離常軌，事態變得難以控制時，先靜下來再說。「事情出錯」是一個信號，代表你應該順應事態來改變行程。那要如何扭轉乾坤，恢復愉快的心情呢？有什麼值得你感激的事嗎？要改變心態，首先要拋開你的預期心理，不要再想今天原本應該是什麼樣子，而是積極接受今天變成了什麼樣子。

那一天的故事其實還有個小插曲，還記得我說藥局有很多人排隊嗎？當天有一位機伶的店員看到我帶著生病的小孩，就不動聲色地用眼神示意我去他新開的櫃台。我頓時感激不已，告訴他女兒正在生病，很感謝他的幫忙。他只回答我：「這是我的榮幸，女士。」我真的很感動這位善心店員的善舉，他工作很用心，所以能在一大群人之中發現我需要幫助。我誠心期盼這樣的好人能得到更多好報。

〔時尚祕訣：從勞動中冥想〕

白隱慧鶴禪師曾說過：「勞動中的冥想效果，是靜坐的千倍之多。」當我面對一天內接踵而來的紛紛擾擾，深深覺得禪師的話一針見血。畢竟當你獨自在家做自己的事情，例如在星期天午後一個人看看書、栽栽花、煮煮飯，要保持內心平靜並不難，但要是把情境換成星期三下午四點呢？你可能正在廚房忙活，背上的嬰兒在吃你的洋裝，沙發上的幼童蹦蹦跳跳像在玩蹦床。你想好好煮頓晚餐，狗在狂吠吵著要散步，你得在郵差來之前弄好郵寄轉帳單，水壺這時開始鳴響，你能在這兵荒馬亂之中保持內心平靜嗎？如果你能，恭喜你，你已經出師了！你已經懂得從勞動中冥想，這就是我們的目標。順應事態，不論我們美好的日子有多麼忙碌喧鬧惶急紛擾雜亂，努力鍛鍊自己泰山崩於前面不改色，以時尚的姿態平靜以對吧！

〔回家路上聽的專輯〕

《100 Most Relaxing Classical Music in the Universe》（合輯），Denon 唱片，2010 年發行。

精選一百首最令人放鬆的古典樂曲目，在忙碌的一天後舒緩你的精神，讓你帶著輕快的心情回家。

《Chopin: The Complete Piano Works Waltzes》，雷姆・烏拉辛（Rem Urasin）、克日什托夫・雅布隆斯基（Krzysztof Jablonski）、塔蒂亞娜・薛巴諾娃（Tatyana

Shebanova）；IMC Music 唱片；2010 年發行。

鋼琴溫柔的琴音有種魔力，可以在你神思困倦的時候，安撫你的情緒。

《Relaxation: Nature's Soothing Sounds》（合輯）；Echo Bridge Home Entertainment 唱片；2005 年發行。

整天坐在日光燈之下，有時候你會想念大自然。這張專輯有海浪、雷雨和其他自然的聲音，讓你回家路上就像重回大自然一樣。

《Native American Flutes & the Sounds of Nature》；傑西卡·雷耶斯（Jessica Reyes）；Taking Taco Music 唱片；2010 年發行。

美洲原住民悠遠的長笛音樂，聽之忘俗，工作上的煩惱瞬間拋諸腦後。

《The Romantic Harp》；茱蒂·羅曼（Judy Loman）；Naxos 唱片；2005 年發行。

這張曲調和平、旋律動人的豎琴專輯，能夠平息你對回家路上交通狀況的怒火。

《Putumayo Presents: Latin Beat》（合輯）；Putumayo World Music 唱片；2012年發行。

下班後要續攤怕沒精神？這張熱情的專輯可以讓你再次充滿電力。

《Elements》；艾拉·史坦（Ira Stein）、羅素·沃爾德（Russel Walder）；Windham Hill Records 唱片；1990 年發行。

靜靜凝聽，鋼琴和雙簧管的完美合奏將讓你心神俱醉，一時忘記呼吸。這張專輯特別適合在辦公室待了一整天後，犒賞自己疲倦的心靈。

Lesson

6

傍晚之樂

THE PLEASURES OF THE EVENING

暮色朦朧之際，黃昏的景色是一天之中最美麗的時刻之一。光的顏色和風的氣味都不一樣，就連花的香味似乎都變得特別濃烈。忙碌的白日將盡，人們紛紛準備休息。

對許多忙碌的父母而言，黃昏代表小孩將要上床睡覺，他們總算可以輕鬆一下。如果孩子還很小，你可以不受打擾地獨自享受沐浴時光，可以好好沖個澡，慢慢吹乾頭髮，不會有人拉你的腳！你可以安靜閱讀，不會有小小人（雖然是很可愛的小小人）試圖奪走你手上的書！我們對孩子的愛無庸置疑，可是整天忙著照顧別人，晚上真的很需要留點時間給自己。

當然啦，大部分的晚上都很平凡，你大概也只是待在家裡。不過，這些平凡的夜晚要怎麼變化出不凡的樂趣？你可以在全家人入睡後，在安靜的房子裡逡巡，熄燈，關上窗簾，用香精油洗一個長長的熱水澡，喝一杯茶，讀一本好書，或是打開電視看個有趣的節目。特別累的時候，晚上七點半提早入睡，隔天起床絕對能神清氣爽。平凡的夜晚時分，有許多小確幸等待你挖掘。

欣賞夕陽也是個不錯的日常活動，在特別的日子偶而為之別有一番風雅。我的祖母莉拉住在坎布里亞這個美麗的海邊小鎮，每次我們去拜訪她，她都會叫上全家人一道兒去海邊看日落。她是「暮光行家」，她告訴我們，看到太陽沒入海中的那一刻要記得許願。我擁有許多在夕陽西下，坐在加州瑰麗的斷崖邊的珍貴回憶；全家人對著冷冽的海風，緊緊裹著風衣攏著自己，眺望底下的斷崖殘壁，互相說笑，洋溢著團圓的興奮之情。

祖母總是要求我們在日落那一刻許願，她堅稱她就是對著夕陽許了一輩子的願，老天才把坎布里亞的漂亮房子賜給她。或許正是祖母對自然的禮讚、祈求和參與，讓她的心願得以實現，獲得了夢寐以求的房子。當我們一家人都在時，只要看到暮光就會自動齊聚一堂。而我一有機會欣賞夕陽，也會駐足凝望，想起我的祖母。

雞尾酒時刻

我在巴黎寄宿的時候，黃昏是開胃酒的時間。「時尚夫人」的晚宴開始前，我們會聽著古典樂，一邊啜飲威士忌、波特酒或番茄汁。男士們穿著白天的正裝，女士們則穿著裙子或洋裝。至於在「波希米亞夫人」家，大家會圍在沙發邊，取用冒著氣泡的香檳雞尾酒，在爵士樂的背景下談天說笑。開胃酒時間的重點不在於飲料（雖然開胃酒確實能促發食慾），它真正的用意是讓大家在飯前好好團聚聊天，交流情感。

在世界上的某些地方，開胃酒時間被稱為雞尾酒時刻。雞尾酒時刻有很多樂趣，不過我家不是天天都有這麼享樂的活動。我最喜歡的雞尾酒是皇家基爾，它是由香檳和黑醋栗利口酒調配而成的法式雞尾酒。我每次出去一定點皇家基爾，喝一口就像重回巴黎，置身在金碧輝煌的酒吧，身邊全都是風趣幽默的時尚人士。太美妙了！

〔皇家基爾〕

• 1 份黑醋栗利口酒
• 5 份香檳

先將黑醋栗利口酒倒入香檳杯中，再緩緩倒上香檳。

我的朋友朱莉安娜每兩個月會辦一次狼人雞尾酒派對，聚會人數大約二十人。身為主人的朱莉安娜每次都會準備高檔的披薩、迷你鹹派、起司盤和水果等佳肴，客人也會各自帶一樣食物或飲料來錦上添花。有個常客的自製布朗尼和杯子蛋糕總是令我驚豔不已。我們的雞尾酒派對並不複雜，通常只喝葡萄酒，點心有手工爆米花、蔬菜和沾醬。這樣的聚會簡單隨興，卻特別紓壓。比起講究的派對，我更期待朱莉安娜的狼人桌遊雞尾酒派對（雖然我跟她開過玩笑，說我將來要辦一個規定要打領帶穿正裝的「高檔狼人」派對）。

狼人桌遊

不知道狼人是什麼嗎？它是一款策略桌上遊戲，需要一位主持人和一群玩家。玩家要抽牌決定自己的身分（可能是狼人或村民），身分必須保密。村民的目標是抓出誰是狼人，狼人的目標則是「殺掉」村民。玩家坐成一圈，主持人站著。遊戲每一回合開始時要先關燈，代表現在是晚上（這時可以放些恐怖的音樂，讓大家更融入情境），夜晚降臨時大家都要先閉上眼睛。然後主持人會指示狼人睜開眼睛，挑出想要「帶走」哪一位村民（「殺掉」這個字眼太邪惡了）。狼人只要安靜地指向目標村民，即完成挑選。早晨來臨時（把燈打開），大家全部睜開眼睛。主持人會告知哪一位村民被殺掉，被殺掉的村民隨即離開遊戲，由剩下的玩家提名誰是狼人嫌疑犯。被懷疑的人有三十秒的辯護時間，之後由大家投票決定他／是不是狼人。被判定是狼人的玩家會被殺掉（好啦，我知道殺掉聽起來很恐怖，可是這真的只是個好玩的遊戲），死掉的玩家要秀牌揭露自己究竟是村民或狼人。這款有趣的遊戲還有其他特別的角色，玩法非常多樣：

- 目擊者：目擊者可以在黑夜偷看狼人殺村民。如果狼人抓到目擊者睜開眼睛，狼人可以在那一輪黑夜選擇殺掉那名目擊者。當目擊者壓力特大，我不騙你。

- 預言家：預言家可以在每回合的黑夜猜測誰是狼人，讓主持人回答猜對或猜錯。
- 小狼人：小狼人必須在每回合的白天時說出「狼人」這兩個字，聲音要大到讓主持人聽得到。如果沒說，必須退出遊戲。
- 情侶：從村民中選出一對當情侶，當其中一人死亡，另一位將跟著死亡。
- 獵人：獵人被殺時，可以選一個人殺掉，例如選擇殺掉可能是狼人的玩家就是個好主意。

牌卡裡還有更多角色，你甚至可以自己創造新的角色。

我知道這個遊戲聽起來很怪（我先生就完全不懂），可是我誠心推薦各位試試看，別急著否定它。就當作是邀一群好朋友來吃點心喝雞尾酒，只要大家放鬆心情一起投入這個策略遊戲，一定會越玩越起勁，在歡笑之中產生戰友之誼。而且，大家可以透過這個遊戲要笨，卸下正經嚴肅的包袱。我們的桌遊成員就很不正經，其中有作家、演員、製片人、政治評論家和醫生，大家都不裝酷，我非常喜歡這樣的氣氛。說真的，朱莉安娜的狼人桌遊雞尾酒派對已經變成我們朋友圈中的經典盛事。

〔時尚祕訣〕

試著把雞尾酒派對和桌遊之夜結合在一起吧！人數少的話，可以玩謀殺解謎類的桌遊。人數多的話，請務必試試「狼人」，玩過之後你一定終身難忘。玩的時候別忘了放點恐怖的背景音樂，氣氛更棒。

〔傍晚專輯〕

《Beethoven : Piano Sonatas"Moonlight"; "Appassionata"; " Pathétique》，阿胥肯納吉（Vladimir Ashkenazy），Decca 唱片，1984 年發行。

貝多芬最受歡迎的奏鳴曲精選，以戲劇化的情調揭開你的夜晚序幕。

《Petite Fleur》，席尼・貝雪（Sidney Bechet），Intense 唱片，2006 年發行。

正統的爵士樂專輯，讓你的雞尾酒時刻格調瞬間升級。

《Chopin: Nocturnes 1-9; Four Scherzi》；阿圖爾・魯賓斯坦（Arthur Rubinstein）；EMI 唱片；2008 年發行。

這張經典不敗的古典樂專輯，給你的夜晚帶來正面的戲劇能量。

《Japanese Traditional Koto and Shakuhachi Music》；佐伯里美（Satomi Saeki）和 Alcvin 竹川拉莫斯（Alcvin Takegawa Ramos）；Oliver Sudden Productions Inc. 唱片；2005 年發行。

聽著悠緩的傳統日本樂，夜晚的心境特別寧靜，動作也跟著優雅起來。

《Kiri Te Kanawa: Ave Maria》；奇里・特・卡娜娃（Kiri Te Kanawa）和聖保羅大教堂合唱團（Choir of St. Paul's Cathedral）；Philips 唱片；1990 年發行。

晚餐後播放這張歌劇專輯，奇里・特・卡娜娃激情的歌聲可以營造一種正式的氛圍。

《Adagios for After Hours》；Philips 唱片；2000 年發行。

睡不著嗎？聽著這張旋律祥和的專輯，就像飄浮在雲端一樣，讓你不知不覺倒在枕頭上墜入夢鄉。

《Call of the Mystic》；卡努納什（Karunesh）；Real Music 唱片；2004 年發行。

這張風格奇幻的新世紀音樂專輯，可以鎮定你辛苦了一整天的精神。

《ZeNotes》；那達瑪（Nadama）和夏斯卓（Shastro）；Malimba Records 唱片；1999

年發行。

以舒緩的日本音樂讓心思平靜下來，準備入睡。

晚餐

如果說早餐是一天的序曲，午餐是換幕休息時間，那麼晚餐就是壓軸的終場了。不論你晚上吃的是輕食還是大餐，請盡可能讓晚餐變成家人的特別節目。我特別珍惜的童年回憶之一，就是全家團聚的晚餐時光。我爸媽非常重視晚餐，這段時間我們不看電視不接電話，全家一起開動。晚餐凝聚了我們一家人的感情。老實說我小時候沒惹什麼麻煩，就是每天靠晚餐這三十分鐘跟爸媽聊天分享自己的生活。

我習以為常的平日家庭晚餐，在我大學到巴黎的「時尚家庭」寄宿時，才見識到原來可以那麼隆重正式。「時尚夫人」每天都會用漂亮的亞麻桌布、餐巾、高級餐具和簡單的中心擺飾來裝飾餐桌。「時尚家庭」一家人的餐桌禮儀無懈可擊，他們很尊重用餐的禮節傳統。男士們樂見上菜時女士優先，而且大家會等所有人的餐點上齊才一起開動。我們會聽音樂聊天，照著順序享用一道道的佳肴。晚餐是全家人的重頭戲。我在法國與這家人用餐，一點都不會不自在，也不覺得有任何麻煩；他們對禮儀和傳統的尊重與延續，讓晚餐別具深層的意義。難怪我對於家庭晚餐有那麼濃厚的感情。

晚餐時，餐桌上不應該有任何與用餐無關的東西，包括作業、帳單和iPad，當然也絕對不能玩手機。餐桌不必特意裝飾，只要能讓一家人享有不受干擾的用餐品質，你覺得舒適就行。餐桌中央的擺飾可有可無，有的話可以讓大家欣賞，感覺比較特別。

實現全家一起吃晚餐的習慣

餐桌擺好了，晚餐煮好了，全家人也都神奇地一起坐下來了。這真是了不起的成就！開頭如此美好，可是事情通常就是從這裡開始走調。你怕食物冷掉，急忙把餐點端上桌。家人都開動了，你還在廚房裡忙來忙去。你忘記拿鹽巴，哎呀，還有飲料也忘了。你倒水拿玻璃杯的時候，又想到餐巾也忘了，這時你先生說醬料不夠了，接著小狗也在餐桌底下狂吠，你只好給牠吃晚餐，讓牠安靜下來。你總算可以坐下來，呃，但是其他人幾乎都快吃完了，你覺得自己得吃快一點好趕上他們。啊！寶寶的蘿蔔要切小塊一點才行。你明白這是怎麼一回事了吧？你像是個團團轉的僕人，準備了大餐後忙著伺候大快朵頤中的家人。我以前也是這個德性，相信許多媽媽想必也是心有戚戚焉。我們只顧著照顧家人的需求，反而忘了好好跟家人一起享用自己費心準備的餐點，犧牲了珍貴的交流時間。

其實這是沒必要的犧牲。「時尚夫人」從來不曾看著家人在餐廳用餐，獨自溜回廚房找胡椒粉或是忙進忙出。等到晚餐萬事具備（我通常會去幫她的忙）後，大家才會被叫來用餐，沒有一天例外。

想知道她怎麼辦到的嗎？訣竅有二，其一是：在家人入座前，做好規畫，仔細確認一切齊全。料理可能要放在烤箱中保溫，但你並不需要在全家人就座後，鞍前馬後幫每個人取餐巾。

訣竅之二是：你不必事事都自己來。你可以請先生拿飲料，叫小孩擺餐具和餐巾。小朋友只要搆得著，也能幫忙把鹽巴和胡椒放到桌上。如果怕狗在旁邊吵，可以先餵狗再開飯。總之先把一切都準備妥當，大家再一起坐下來吃飯不遲。如果家人等不及吵著肚子餓，可以好好解釋等待是值得的，全家人一起用餐，食物會變得更加美味。如果他們想快一點開動，那就來幫忙。慢慢來，不要因為別人催你就心急。日積月累，他們將會習慣晚餐前的小等待，就算只是簡單的魚柳條，也是令人期待的壓軸終場節目，催不得，急不來。

〔時尚祕訣〕

全家人都坐下來吃晚餐了，一切都很順利。你也可以好好享用你的食物了。不管菜色多豪華或多簡單，都值得你以愉快的心情細細品嘗。別忙著擔心卡路里或脂肪，壞了你的胃口。我們應該活在當下，體驗舌尖上的幸福，並且把握和家人團聚的難得機會，交流彼此的生活，滋養我們的身心靈。

外帶也要時尚

我與「時尚家庭」同住的那段日子，從未見過他們買外面的東西回家當晚餐。「時尚夫人」一週起碼五個晚上會開伙，週末我出去和朋友吃飯，他們則去別人家聚餐或自己辦晚宴，偶而他們也會上餐館。他們唯一會吃的便餐，頂多就是從冰箱拿出做好的料理加熱，不過，即使是如此也很罕見。

我想大多數的家庭很少天天開伙吧。晚上要加班，下午有足球比賽，還有一堆雜七雜八的事情，每天自己煮晚餐真是困難重重，而且外帶食物可以說是美國的飲食文化主流。有時候你就是想吃街底那家墨西哥餐廳的捲餅，炎熱的夏天更是難以抗拒附近熟食店的各色沙拉。

你不一定要自己做飯，但晚餐是一天的重要節目，平常的日子也不應該馬虎。外帶的食物也該像你自己精心烹調的料理一樣，用漂亮的盤子好好的擺盤，配上精緻的餐具和餐巾，飲料用玻璃杯裝盛。別再用紙製餐盒了，統統爽快地丟掉或回收吧。

家人餓昏頭的時候，可能會一窩蜂衝上去打開外帶食物的包裝，直接就著紙盤子或紙餐盒吃起來，塑膠袋、塑膠叉子和紙巾丟得滿桌子都是。這樣子的用餐品質實在糟糕。不論是大餐或便飯，不論是外帶或自己煮的，我們都應該尊重食物和用餐的規矩，不要浪費晚餐的樂趣。

想讓家人正式看待平日的晚餐嗎？研究餐桌禮儀是個好方法。炎熱的夏天，假裝你不是在自家的廚房，而是在高檔的四季飯店用餐，這時你會如何舉止？你又希望家人怎麼表現？先別明著說出來，你就當作自己是在飯店，身體打直坐好，細嚼慢嚥，多說「請」和「謝謝」。假以時日你的家人也會有樣學樣，模仿你的餐桌禮儀。如果他們坐得歪七扭八老是低著頭，與其指責他們，還不如以身作則，示範給他們看。

言教不如身教。看到我家小朋友試著用手抓義大利麵吃，我會拿起叉子說：「用叉子吃。」這麼做的效果遠比喝止她來得好。如果你只是說：「不要用手抓。」孩子會覺得被罵了，而且也不知道該怎麼做才對。說的時候還要注意語氣，盡量輕快。比方我會說：「用叉子吃怎麼樣啊？」來讓孩子思考。當她用袖子擦嘴時，我會說：「我們要用餐巾擦嘴。」然後示範給她看。用鼓勵的語氣和肯定句來教孩子，效果特別好，雖然不見得能立刻教會他們，但他們最終還是會聽你的話，而且不會對吃飯這件事留下什麼負面的印象。

晚餐是一天的完美句點，也是家人交流的大好機會。晚餐的重點不在於吃什麼，而是要形成家族的傳統，為家人留下一生的回憶。

時尚提醒

- 餐桌不要留任何與用餐無關的東西。你不會想和帳單、玩具和文具一起吃飯。
- 隨心所欲地布置餐桌吧！簡單或奢華、餐墊或桌布、蠟燭或幾朵花，有沒有中央擺飾都沒關係。重點是用餐時間的餐桌，只能放與用餐有關的東西。你可以讓小孩幫忙布置餐桌。我的大女兒就很喜歡這件差事，她總是說她要「裝飾」餐桌，儘管她只是擺放刀叉罷了。不過我很喜歡她的說法，這也是一種裝飾啊。再繁忙的工作日我們也不忘裝飾餐桌，這個儀式可以顯現出我們對晚餐的重視。
- 精心擺盤。即使晚餐只有披薩和胡蘿蔔，也該好好擺盤。為什麼小吃（例如我們家都很愛的墨西哥薄餅）就要隨便吃呢？我們家會把小吃放在高級的餐盤上來享用。我會把墨西哥薄餅放在盤子上排好

（我先生三個，我自己兩個），用醬汁裝飾一下，讓食物看起來更美味。

- 以身作則，用鼓勵的方式讓家人學會餐桌禮儀。挑戰看看吧！
- 如果你想慢慢吃，千萬不要受旁人左右而催促自己。忙了一天，晚餐該好好的犒賞自己。

〔適合晚上的蠟燭〕

夕陽西下後，適合用舒緩效果的香味來放鬆一下。點一個晚上的香氛蠟燭，讓療癒的香氣帶領你靜氣養神吧。

- 薰衣草
- 尤加利樹／薄荷
- 松樹
- 檀香
- 香草
- 洋甘菊
- 茉莉花

每天都用好東西

愛上自己的家，學會注意日常細節後，你會自然而然地更加投入你的生活。這就是時尚的生活態度。你每天都會想用自己擁有的好東西。養成定時整理的好習慣，一方面你將更容易注意到自己擁有哪些好東西。你不會覺得用祖母留下來的瓷器吃午餐很奢侈，不會捨不得給小孩子用餐巾而非紙巾，更不會覺得穿上漂亮的絲質夏季洋裝去郵局算是盛裝打扮。你會因此養出眼光，看出別人用的是不是好東西。及時行樂，既然我們活在當下，為什麼要把漂亮的水晶碗收起來，只有聖誕節才能用呢？何不拿出來放我們天天要吃的水果？留著以後再用，難道比現在好好享受更重要嗎？好東西為什麼不能天天用？是怕用壞，還是怕特別的場合沒得用？像這樣守著好東西不用，在別人眼中會不會顯得勢利眼或不近情理？難道我們不值得用最好的東西嗎？

舉辦低調的晚宴是一件很有趣的事，前提是不要搞得太複雜，事先做好準備，而且不要好高騖遠。請客人來家裡吃飯，重點是相聚敘舊，而不是炫耀你的廚藝。禮拜三的晚上你不太可能有時間自己煮個五道菜的大餐。這項認知可以幫助你調適心情，放鬆享受晚宴的樂趣。試著營造溫暖親切的聚會氣氛吧！讓大家聊聊今天發生什麼事，最近過得怎麼樣。多練習幾次，像這樣的簡單晚宴應該能融入你的晚間行程，而這時你早已習慣用最好的餐具和餐巾，不會讓客人感覺任何不自然。

「波希米亞夫人」是舉辦低調晚宴的高手。她的工作很忙，大多傍晚才到家，但這並不影響她尋歡作樂。她會做簡單而美味的開胃酒，比方她招牌的香檳雞尾酒，我曾在《向巴黎夫人學品味》一書中描述過那令人難忘的滋味。她在準備晚餐的時候，會放一些點心碗讓我們先解解饞。主餐通常是紅酒燉牛肉或紅酒燉雞之類的鍋物佐上沙拉，甜點則是她自己做的巧克力蛋糕，或是簡單的優格，另外一定少不了的，是剛從街角麵包店買來不久的新鮮棍子麵包。她的料理簡單卻富有巧思，雖然一點都沒有要炫耀的意思，我卻對晚宴留下深刻而美好的印象。

〔無麵粉巧克力蛋糕〕

- 4盎司苦甜巧克力（非無糖）
- 半杯無鹽奶油
- ¾杯砂糖
- 3大顆蛋
- 半杯無糖可可粉，過篩
- 裝飾用的糖粉

烤箱預熱華氏三百七十五度。取一個八吋圓形烤盤，盤內抹上奶油，盤底墊一張烤盤紙，烤盤紙上面也塗上奶油。將巧克力切成小塊，隔水加熱融化巧克力和奶油，持續攪拌至柔滑狀後，熄火後將糖粉攪拌入巧克力糊，稍微冷卻後再把蛋打進去。將半杯可可粉過篩撒入巧克力蛋糕糊，攪拌均勻，然後倒入烤盤中，送入烤箱烤二十五分鐘左右。烤好的蛋糕冷卻後倒扣在盤子上，最上面撒一些糖粉，最後配上覆盆子即可。

我在家裡辦晚宴，最大的目標就是讓客人感受親密迷人的氣氛。我們家不大，所以從來不辦大型的晚宴。我們晚餐的客人很少超過四個人。如果是下午茶和早午餐，人多一點無妨，因為大家不必全擠在餐桌前。我們家常請英國來的客人吃晚餐。我先生很喜歡坐在餐桌前聽音樂，笑談家鄉的故事直至深夜。可愛的花飾、精選的背景音樂、暖心的餐點和沙拉，或許再加上從附近蛋糕店買來的甜點，簡簡單單就能營造出親密迷人的氣氛。

如果你白天很忙，沒多少時間料理晚餐，慢燉鍋是個好主意。早上開始煮，等晚上客人到臨時，美味的餐點也煮好了（看得出來我有多愛慢燉鍋吧）。接下來你只需要拌一些新鮮的沙拉，倒好紅酒，熱一熱麵包就好啦！

客人就快到了，家裡還來不及整理怎麼辦？別慌。拿出你的廚房計時器，設定十或十五分鐘（視你家有多亂而定），盡可能在這段時間內打理乾淨吧。別忘了為客用廁所準備乾淨的擦手巾，檢查肥皂、面紙或衛生紙這些必備用品夠不夠。把廁所檯面全擦過一遍，在安全的位置點個蠟燭。剩下的別多想，放鬆心情，盡情投入晚宴的樂趣吧！

〔時尚祕訣〕

- 你家先生又去赴每週的撲克牌會了？邀請你的女性朋友來家裡吃晚餐吧！總是去餐廳聚餐，不如換個花樣在家裡小聚，別有一番新鮮趣味。
- 菜色以當季食材和你擅長的料理為佳。如果白天很忙，兩道菜就好。甜點可以用買的，比如說冰淇淋可以挖成球狀，放在傳統的冰淇淋杯裡，感覺就很別緻。你還可以請客人各自帶一道菜，大家一起享用。切記，晚宴的重點在於相聚，而非炫耀。
- 隨興混搭優雅——坐在壁爐前的牌桌上，用高級的餐具和餐巾用餐，這種隨興之中的優雅，更令人印象深刻。或者，在炎熱的夏季夜晚，讓客人坐在花園或露臺上也不錯。家裡的每個地方都可能是晚宴的好場所。

改變別人，不太時尚

當你正踏上改變家庭生活的征途，你的家人不見得也想跟著上路。請千萬不要對他們不耐煩，也不要因為他們不立刻遵守你的新規矩而處罰他們。

我和外子個性相當不同（有人說這叫互補）。他是英國人，我是美國人，光是文化上的差異就很大。我們對家庭生活方式有許多不同的見解，尤其是在晚餐上面。

我喜歡固定時間正式的晚餐，他則是隨便怎樣都好。明確地說，我希望全家人可以一起吃飯，邊聽音樂邊聊天。他也喜歡全家人一起吃飯，只不過沒辦法天天都那麼規矩。他每天三餐都不定時，我只能說他比我隨興得多。

我以前對此相當沮喪。我覺得我的晚餐方式比較好，所以一直說服他改變習慣。他也覺得為了女兒們的成長，全家人一起吃晚餐是很重要的，於是他做了妥協，每到晚餐時間都會坐在餐桌前陪我們，但是他自己不一定會吃。

我也不必問他為什麼不吃，因為我們吃晚餐的時候他通常不餓。他有時候連早餐或午餐都不吃，並不是因為沒得吃，只是他沒習慣定時吃飯。他可能和朋友一起吃午餐，或是邊工作邊吃。如果忙過了午餐時間，他也不會在意自己錯過午餐。這樣你該明白他跟我有多麼不同了吧，我簡直不能相信有人連午餐這樣重要的中場休息時間都不放在心上！

總之，他常常不吃早餐和午餐，下午大約三、四點餓壞了就會大吃一頓或嗑一堆零食，當我們早早吃起晚餐時，他根本還不餓。這教在家精心煮了晚餐的人情何以堪，尤其是自己做的晚餐又健康又營養，那麼用心良苦。沒錯，我當初就是有這種好心沒好報的感覺。我費盡心機想要改變他的生活習慣，像是白天傳簡訊給他，提醒他當天晚餐有什麼菜色，希望他可以看懂我的暗示，記得吃午餐。這招時靈時不靈。結果我只是把自己搞得像是他的老媽而不是老婆。再怎麼說，他是個成年男人，他並不需要人提醒他何時該吃飯。

為晚餐吵了無數次架之後，我決定妥協。我改變不了他。我憑什麼認為我的晚餐方式才是對的。這適合我的生活，但不見得適合他的生活。我最終接受了他的讓步：他餓的話就跟我們一起吃，不餓就陪著我們，坐在餐桌前喝咖啡。我們只能改變自己，改變不了別人。要說我現在完全不介意我先生不一起吃晚飯了嗎？說不介意是騙人的。但我不想把這件事看得太嚴重，畢竟我們的家庭生活大部分都很讓人滿意。

而且，只要全家繼續天天一起吃晚餐，或許有一天滴水穿石，他不跟我們一起吃飯反而不自在。革命尚未成功，我只能繼續以身作則，期待有朝一日他近朱者赤。

在你改變家裡的規矩時，如果有家人不聽話，請不要著急。每個人的個性都不一樣，而這個家是每個人的家。你沒有責任去改變別人，你能改變的唯有自己。認清這項事實後，你會活得自在許多。

藝文活動

晚上多給自己放假，出門參加藝文活動吧！觀賞芭蕾舞表演，參觀附近咖啡廳的藝文展，造訪一些獨立戲院，參加交響樂音樂會或搖滾樂演唱會都好。我們的生活總是被家庭與工作霸佔，藝文活動少得可憐。沉浸在藝術世界多麼難得，多麼奢侈啊！靈魂的空虛都被填滿了。先把票買好也是祕訣之一。提前買好三個禮拜後的芭蕾舞表演的票，事前的期待也是種樂趣。

《紅髮聯盟》（The Red-Headed League）是我最喜歡的福爾摩斯探案之一。故事中福爾摩斯為了釐清另一個案件的思緒，去聽一場小提琴演奏會。沒想到經過一場藝術的洗禮，他獲得了破案的靈感。想要讓你的腦袋靜一靜嗎？去看戲看畫，或是閉上眼睛聆聽一場交響樂，你將能暫時跳脫現實世界的紛紛擾擾。多了藝術，你的生活將更平衡，眼界更遼闊。

〈時尚祕訣：全職媽媽也能享受藝文生活〉

在家帶小孩的生活很容易迷失自我。年輕時熱愛藝術，現在卻擠不出一點時間嗎？其實有一些祕訣可以讓藝術回歸你的生活之中，讓你的靈魂得以補充不可或缺的文化養分。

- 善用網路上的資源。你可以聆聽SymphonyCast的廣播節目，或Classical KUSG網站（www.kusc.org）上的「歌劇秀」（The Opera Show）。KUSG是由聽眾贊助的電台，有很棒的古典樂節目。我是永久會員，每年都會捐款支持他們在公開頻道上播放古典音樂。KUSG的節目是免費的，人人都可以收聽。等你對古典音樂欲罷不能之後，一定也會想贊助這個美妙的音樂資源。
- 把小孩的遊戲約會安排在博物館。很多博物館可以免費入場，而且有很多適合小朋友的展覽。就算沒有，帶著小孩在堂皇的大理石大廳裡散散步，看看藝術作品也很不錯。讓小孩從小接觸藝術吧！
- 找個晚上去市區看場舞台劇或音樂劇。約會夜別老是看電影吃晚餐，偶而可以兩個人看場表演，或是找一群朋友一起去。先把活動規劃好，提前買票，別錯過事前期待的樂趣。

• 如果你是藝術家或音樂家，請不要放棄練習。你可以找時間作畫、彈鋼琴、唱歌、寫詩或寫小說。你的心靈同樣需要花時間餵飽它。《向巴黎夫人學品味》這本書就是在我大女兒出生六個月的時候寫的。對於自己愛好的藝術，你一定能找到熱情和動力去精進它。

收拾時間

啊！到了收拾時間了。這是一天中非常關鍵的時刻，因為這個時候我們要教會孩子負責收拾自己亂丟的東西。不想讓女兒們在成長過程中覺得我不尊重她們的私人空間，更怕她們不懂得自我管理，所以我決定從小教起（多小呢？就是從她們的嬰兒時期開始）。當她們還是小嬰兒的時候，教她們把玩具丟到籃子裡還滿好玩的，但是認真來說，根本是我自己在收拾啊！我多麼期盼她們快快長大，懂得怎麼動手整理。

嗯，她們確實長大了，我也確定她們懂得怎麼做，但關鍵是，她們對收拾東西「興致缺缺」。每到傍晚五點五十分，我就會大喊：「收拾時間到了！」結果呢？你以為我會看到兩個雄赳赳氣昂昂的小士兵踏步邁向遊戲室嗎？別天真了，我只看到兩個小逃兵，彷彿我喊的不是「收拾時間」，而是「快跑，快去躲起來」！

面對她們的不聽話，我得坦白，剛開始處理得……呃，非常糟糕。我使出碎碎念（「拜託啦，好不好」）、賄賂（「乖乖做我就給一張貼紙」）還有獅子吼（「立刻給我過來」）等招數。唉，收拾時間被我搞得令人印象很差，難怪她們不想做。我得想個辦法讓她們從收拾中找出樂趣才行。我知道大家都認為「收拾」就是「做家事」（我自己也這樣想），可是我前面不是已經頓悟了「做家事」的真諦了嗎？那就是把無聊的家事轉化為充滿意義、值得用心的日常活動啊！

我並不想讓女兒覺得收拾自己的東西應該獲得回報（例如貼紙），更不想讓她們因為害怕我生氣才被動地去做。我希望她們覺得有趣而主動去做。所以得換個方式，教會她們收拾的樂趣。

後來，我試出了幾個對小朋友很有效的方法。指令給得越明確，小孩子越能好好做。光是招招手，不痛不癢說一句「請把玩具收乾淨」，八成沒有人會理你。以下是我試過有用的幾個時尚好點子：

- 角色扮演。給孩子指派角色，讓他們假裝自己是把所有食物放回櫥櫃的廚師、引導火車歸位的站務人員、下課要收拾粉筆的老師，或是要把畫具收好帶走的畫家。

- 計時。我會在收拾時間放她們喜歡的一首歌，長度是兩分三十秒，告訴她們要在歌播完前，努力把所有玩具統統收好，歌一結束就停止動作。通常歌還沒放完，玩具就收好了，結果剩下的時間我們乾脆一起跳舞。
- 指派一件重要任務。比方說，我會拿出一個空的積木桶，交代她們一件重要的任務，那就是回收所有積木，然後把積木桶放回架子上。
- 「會做嗎？示範給我看好嗎？」小孩子很喜歡聽到這句話，他們很樂意表現自己的能力。不管幾歲，他們都會生出驕傲感，想讓你知道他們「長大」變厲害了。
- 提供工具。給他們小尺寸的打掃工具，像是小掃把和小簸箕。他們會喜歡學爸媽用這些東西，然後更願意幫忙。

家人互動時間

對很多家庭來說，只有晚上一家人才有空聚在一起。這樣難得的時刻，如果能有一個特別的日常活動，一定能成為全家溫暖的回憶。吃完晚餐後，我一定會放幾首歌讓女孩們跳舞，而我則趁這段時間，靠著音樂帶來的動力把碗盤收到洗碗機裡，把餐桌清乾淨。女兒們超喜歡這個活動，她們會跳著舞繞著客廳又叫又笑。等我忙完後也會加入她們。就連我先生也趁機發明了幾個獨門舞步。簡單說，這是我們一家人的傻樂節目。至於跳什麼舞，全看我們當天心情。如果體力不錯，就放孩子們最喜歡的流行曲。如果想玩，那就放一些公主電影的主題曲。想演戲也沒問題，我們有音樂表演原聲帶。在安靜的寒夜，我會放古典音樂。不論什麼音樂，我們都能跳。這是我們全家人感情交流的幸福時光。

晚餐後的舞會可能不是你家的風格，不過你可以找些別的固定活動讓全家人參與，像是每個人各自朗誦一段從書裡看來有意思的句子，一起聽一首好歌，或是說笑話和鬼故事。總之請找一件有趣的事，讓全家人一起投入。

生活如此繁忙，要規劃出一個有意義的活動，而且要大家每晚都參加，可能不太容易。如果覺得為難，不妨改成每個禮拜或每個月一次。我有一些家人互動活動的好點子：

- 遊戲夜：我回娘家的時候，慣例會玩福爾摩斯紙上遊戲「二二一B貝克街」（我超愛的）。你有最喜歡的遊戲嗎？考慮每個月玩一次，或是每逢慶祝活動就玩一下吧。
- 盛裝夜：穿正式服裝吃晚餐。如果你家孩子晚餐後要表演木偶戲或展示其他才藝（我記得小時候的表演特別好玩），大人們穿正式服裝會特別隆重有趣。
- 讓小孩選擇遊戲主題。比方說，一整個晚上規定得用英國腔說話（英國人就用美國腔說話，總之你懂的）。相信我，大家都會忍不住想笑的。
- 化身為你最愛電影裡的角色，一整個晚上不准出戲，先出戲的人就算出局。

這些小遊戲或許有點蠢，但是你的孩子會記得一輩子。定期舉行的效果更棒，例如，你可以固定在每個月的第二個週五全家一起玩遊戲。如果你的家人都是遊戲迷而且熱愛角色扮演，每週玩一次有何不可？多久玩一次都沒關係，重點是讓全家人開心。

孩子睡覺不耽誤

小孩子的夜晚多美妙啊！有人幫你洗熱水澡、說故事、刷牙、梳頭髮，甚至準備好睡衣，難怪孩子會依戀拖延，捨不得這些舒服安心的睡前儀式。

對大人來說卻是另一回事，尤其是忙了一整天，晚上還要耐著性子完成孩子期待的所有睡前儀式，豈是一個累字了得？相信許多家長跟我一樣，好不容易送孩子就寢，卻只見他們眼裡閃著狡黠的光芒，百般拖延不肯乖乖睡覺。我的大女兒現在就是這副德性。晚上收拾好家裡後，我叫她洗澡，她會做出各種激烈的反抗，表明她一點都不想洗澡（其中幾個招數包括裝做沒聽到、跑去躲起來、爬地板、大笑和尖叫）。我陷入了前所未有的天人交戰。累了一天，我只想快快換上鬆軟的浴袍，泡上一杯茶手握一本書，愜意地窩在沙發上休息。這時我的耐心所剩無幾，簡直招架不住女兒的調皮舉動。

最令我崩潰的是，好不容易哄到她願意洗澡了，她一洗下去卻沒完沒了，無論如何不肯出來。我每次都會唸她，希望她不要再這樣賴皮，不過顯然沒什麼用。

歷經數個月的洗澡抗戰，我痛下決心，不能再這樣下去了。大女兒才三歲，身為成年人的我理應保持冷靜與耐心。我改變戰術，不再追在她身後喊。我不是覺悟要培養內心平靜，無論發生什麼事都要不急不躁嗎？這個道理何不應用在我那處於洗澡叛逆期的三歲大女兒身上呢？

我的方法是先帶小女兒去浴室，一起坐著玩沐浴玩具，然後問大女兒要不要加入。我問過一次後絕不再追問；我不再追她、喊她，也不再等她。我只是淡淡的問她一次。開始的前幾個晚上，她會鬼混幾分鐘，最後才耐不住好奇跑到浴室看我們在幹麼。一陣子過後她變乖了，我一問她要不要洗澡，她會立刻應好，不必三催四請就自己進浴室。

漫長的洗澡抗戰畫下句點，我內心的感動簡直言語難以形容。女兒雖然講不聽，但是我改變了自己的態度後，潛移默化之下她也能改變。

當你忙了一整天，對孩子快失去耐性時，千萬別灰心。這是孩子睡前的幸福時光，你一定要保持冷靜，相信自己做得到。請務必努力打起精神幫他們洗澡、刷牙、梳頭髮，讀他們最愛的睡前故事，和他們互道晚安，蓋好他們的被子……只要做完這些，你就可以功成身退了！

十五分鐘的整潔工作

看完我前面分享的一些居家祕訣後，相信你已經發現我的計時癖好了。晚餐後和孩子們一起收拾過還不夠，如果不想在明天面對今天的殘局，我們還有一些整潔工作要做。十五分鐘就夠你做完許多家事了。試試看拿出廚房計時器，定時十五分鐘衝刺吧！面對一堆家事，如果實在提不起勁，不妨計時十五分鐘，這段時間內能做多少是多少。我打賭你能在時限內把家裡大致弄乾淨，而且你會因為只需要十五分鐘而生出動力。

我第一次接觸到「計時做家事」這個概念，是從安西婭．特納（Anthea Turner）的《完美主婦》（Perfect Housewife）實境節目看來的。有一集，有個女人抱怨她有多討厭清空洗碗機裡的碗盤，這應該是許多人共同的心聲吧。安西婭問她覺得清空洗碗機要花多少時間，她回答大約要七分鐘。沒想到實際計時，不到三分鐘就做完了。清空洗碗機這麼討人厭的工作其實花不上三分鐘，知道後是不是多少有些安慰，覺得沒那麼糟糕了？

「十五分鐘的整潔工作」也並非由我首倡，FlyLady 網站創辦人瑪拉・希莉（Marla Cilley）和作家艾蜜莉・班恩斯（Emilie Barnes）都曾推薦這個方法，這兩位充滿智慧的女士都喜歡限自己十五分鐘，清多少算多少。我每天起碼會來一次「十五分鐘的整潔工作」。有時候，面對仿如戰場的廚房，光想著要動手收拾就令人心生退意。這時我會計時十五分鐘，盡人事聽天命。奇妙的是，我數不清有多少次當我搞定收工後，看著計時器發現我還剩下九分鐘的時間！也就是說，我以為很麻煩的事情，其實只要六分鐘就能完成。計時十五分鐘，我就像是看到了終點而生出希望。剩下來的九分鐘我可以拿來清理另一個房間，或是慵懶地窩在扶手椅內啜飲一杯玫瑰果茶，回想今天發生的事情。

我通常在一天結束之時做十五分鐘的整潔工作，包括擺好沙發上的抱枕，把任何亂丟的東西歸位等簡單的收尾工作。幾乎每次都用不著十五分鐘，但要是真的沒做完，我也不會再多花時間。我會就此罷手，享受接下來的閒暇。

布置早餐餐桌

十五分鐘的整潔工作最後一件事，是布置隔天早餐的餐桌，這通常只要一分鐘，不過當你隔天早上起床還不怎麼清醒的時候，會很慶幸不必多花時間做這些瑣事。而且，一早醒來就看到布置好的餐桌，感覺特別幸福。我晚上會把早餐的餐桌收拾乾淨，用抹布沾自製的薰衣草白醋清潔液擦拭一遍，然後放上餐墊（小孩和大人用的不一樣）和孩子們的水杯，另外通常還會擺上餐巾和餐具。總之，能事前擺好的都擺上去。早餐的麥片如果裝在密封容器裡，也可以事先放上餐桌。有些人的餐桌中央有裝轉盤，餐巾和餐具可以放上去讓家人各自取用，那樣也很方便。晚上多花一點時間，隔天你會覺得像是到了餐廳，餐桌有服務生幫你準備好了（不過這個幻想會在你開始做早餐時破滅）。如果你沒時間布置餐桌，起碼把桌子擦乾淨就好。

夜間梳洗

夜間梳洗在時間上比較寬裕，可以比晨間梳洗精細得多。指甲旁邊有刺皮嗎？有雜毛需要拔除或修剪嗎？腿毛要刮嗎？手指和腳趾的指甲該修了嗎？每週一次的面膜敷了沒？頭髮需要深層護理了嗎？請記得給自己安排時間做這些定期保養，千萬別讓自己變得邋遢隨便。

想當初，我每兩個月會上一次美容院做指甲。現在忙得沒時間之外，再加上養孩子的錢，我只能節省某些美容支出。不過有失必有得，我因此變成了居家美甲行家。熟能生巧，我現在塗指甲油的技術堪稱專業！

手指美甲DIY

用指甲剪把指甲修剪到你要的長度後，用指甲銼刀把指甲前端磨圓或磨方。磨的時候一定要單一方向磨，不要來回磨，免得指甲裂開。用溫和的肥皂在熱水裡搓出皂液，雙手浸泡最多五分鐘，如果有死皮可以輕輕地往下推。泡好後，在指緣塗上指緣油並按摩指尖，然後用卸甲油或去光水把指甲擦乾（如果指甲上有殘留的指緣油，指甲油可能上不均勻）。塗上基底油，乾掉後再塗上一層或兩層的指甲油。指甲油要對準指甲慢慢塗，盡量別塗到皮膚上。如果沾到皮膚，事後再用棉花棒沾卸甲油清掉就好。等指甲油晾乾後，塗上最後保護用的上層油（迪奧的很好用）。全部擦完後，至少二十分鐘內別動用手指，要不然就功虧一簣了。

說到指甲油，我覺得刷子厚的比較好塗，因為夠寬，所以不用來回多刷幾次。

迪奧的指甲滋養霜是能夠加快指甲生長，使指甲強韌健康以及軟化指緣角質的乳霜，效果真的很棒。它的質地頗為黏稠，我習慣在睡前塗在手腳的指甲邊緣，讓皮膚吸收一整個晚上，隔天早上起床就沒有煩人的死皮了。每週固定用一次，一陣子過後我的指甲明顯變得更健康，指甲邊也不再有刺皮。

〔時尚祕訣〕

指甲油老是塗到指甲旁邊的角質嗎？直接將 Aquaphor 多效軟膏或凡士林沿著

甲床塗抹在旁邊的角質和皮膚上，指甲油就不會塗出去，最後的指彩成果將媲美專業等級。

腳趾美甲DIY

指甲油卸乾淨後，把腳趾甲剪短，順著單一方向將邊緣磨滑。用熱的肥皂水泡腳（或是乾脆在洗澡的時候泡澡），一邊泡一邊用浮石磨掉角質和腳後跟的死皮。很多護膚品牌都有出可以裝浮石的機器，例如Spa Sonic就有一款產品可以自動旋轉，方便你打磨腳上的角質，我發現用這個去除老繭和死皮超好用的。泡完腳後，在腳上塗乳液並稍微按摩一下。這可舒服了！就算是自己為自己按摩也很享受啊。另外，用指緣油護理一下腳趾甲，如果有刺皮順便壓回去。上指甲油之前，再用一次卸甲油把趾甲擦乾淨。然後依序塗上基底油、兩層指甲油和最後的上層油，每上一層都要等前一層乾一點再上。

夜間頭髮護理

你知道嗎？睡覺的時候也能給頭髮做頂級的保養！上床之前，先抹些護髮油，再用梳子從髮根到髮尾梳幾次，確保每根頭髮都上了薄薄的一層護髮油。摩洛哥堅果油、椰子油、橄欖油或酪梨油都是不錯的護髮油，在健康食品店就買得到。上好護髮油之後，你可以綁一個鬆鬆的高髮髻，再套上浴帽。如果你覺得戴著浴帽睡覺不舒服，那就把頭髮放下來，記得在枕頭上鋪一條毛巾，免得枕套沾上油漬。讓頭髮吸收護髮油的精華一整夜，隔天早上照常梳洗，頭髮將會顯得更亮澤滑順。

〔身體去角質〕

自己做甜甜的去角質液，每週為身體去一次角質，好好愛護自己。

- 半杯椰子油
- 半杯蔗糖

混合上述材料，洗澡或泡澡的時候，以畫圈的方式將去角質液按摩到皮膚上，就能達到保濕和去角質的雙重效果。

嘴唇去角質

嘴唇乾燥時會脫皮，變得一片一片的，那樣很不時尚！塗上你喜歡的護唇膏，再沾一些糖到嘴唇上，以畫圈的方式按摩，就能把死皮弄掉。要不然也可以趁著身體去角質的時候，用前面教的椰子油蔗糖去角質液順帶處理嘴唇上的死皮。去完角質後，用毛巾沾熱水把嘴唇上的糖和油擦掉，再塗一層護唇膏。好啦，快去喝一大杯水，給身體補充水分吧！

〔時尚祕訣〕

我喜歡同時做好幾項美容保養。比方說，一邊敷深層護髮膜和面膜，一邊去除全身的角質，或是敷上面膜後再吹頭髮，等到要吹前面的頭髮再把面膜洗掉。你可以試試看哪些夜間保養工作可以同時進行，這樣更有效率。

夜間例行保養

為了避免過度清潔傷害皮膚，我的早晨保養相當簡單，到了晚上才做真正的徹底清潔。即使沒化妝，皮膚一整天下來難免會沾上灰塵、手油和防曬油，所以晚上一定要清掉這些髒東西。我有好幾套護膚流程，會根據白天的天氣和皮膚的狀況而調整。重點是，我一定會看皮膚需要什麼，再選擇合適的保養方式。以下是我例行的夜間保養內容：

- 卸妝和洗臉：我睡前一定會卸妝。先用眼唇卸妝液，再用卸妝棉把臉上的粉底擦掉。請務必先卸妝再洗臉，這樣才不會把化妝品洗到毛孔裡。
- 洗臉：每天晚上卸完妝後，我一定會用洗面乳洗臉。
- 去角質：臉和脖子的皮膚，我每週會做三次去角質。有時候用去角質刷（像是科萊麗或絲妮可的產品）搭配一般的洗面乳，有時候直接用手推磨砂膏（例如 Epicuren 的精細草本磨砂膏），或是在洗臉後敷 α - 羥基酸乳霜。
- 油敷：每週一兩次（通常是沒有去角質的晚上），我會在洗臉後將油敷到臉和脖子上，然後進行按摩。是的，你沒聽錯……真的是「油」！我常用的是具有高修護能力的金盞花油（源美肌〔Eminence〕的很棒），此外我也很喜歡玫瑰果油。我以前一直誤會用油敷臉會長痘子，直到我在聖塔莫尼卡市 Petite Spa 沙龍店的美容師告訴我敷油不會造成青春痘，反而有助於修護並滋潤皮膚，我才恍然大悟。敷臉的油可以選高品質的甜杏仁油、椰子油，甚至是家裡附近健康食品店賣的橄欖油。我做油敷的方法是將油擦到臉上，以按壓的手勢將油推到皮膚裡，然後等一分鐘讓它吸收，再用乾淨的洗臉巾沾熱水把臉擦乾淨。試過後你一定會對油敷的效果感到驚奇。我用晚霜擦臉和脖子時，偶而會摻入一兩滴金盞花油，隔天早上起床也能看到神奇的成效，皮膚會變得特別明淨。

- 精華霜和晚霜：完成前面幾項保養之後，我通常會上精華霜，接著上晚霜。對於眼周部位，我會用無名指沾少許眼霜，輕輕點在眼框和眼底的皮膚上。
- 面膜：我平均每週敷一次面膜（大多是星期天）。我特愛 Epicuren 的火山泥淨化面膜，敷上去可以感覺到髒東西都被吸出毛孔，非常神奇。皮膚比較乾的時候，我會改敷保濕面膜。至於修護面膜，我喜歡 Benedetta 的海草面膜。如果長痘痘，我會用源美肌的益生菌暗瘡面膜。你可以去美容店和保養品櫃位索取一些免費試用品，試試看哪些面膜對你的肌膚最有效。

- 痘痘護理：我現在三十歲出頭，還是會長痘痘，尤其是臉頰區域。真的沒想到我這個年紀還要聊青春痘。青春期的時候，我多希望自己快點三十歲好早日擺脫青春痘的困擾。也只能往好處想，這代表我的肌膚能分泌出充足的油脂，讓我保持年輕。好吧，我的下巴每個月都會長一兩顆痘痘，有必要的話我就會處理一下。說不定我九十歲就沒這個煩惱了，不過這事兒又有誰說得準呢！
- 身體保養：臉部保養完了，可別忘了身體也需要保養！我喜歡奢華的沐浴產品（誰不喜歡）。用我最愛的沐浴乳或去角質沐浴露洗澡，是我每天期待的小確幸。我喜歡用去角質沐浴巾或去角質手套來洗澡，除了幫助血液循環，還能讓皮膚更細膩。去角質沐浴刷也不錯。不過這些東西我不會天天用。對於我的皮膚狀況，我是行家，知道每天該怎麼保養它。有時候用毛巾沾沐浴乳就好，有時候該用沐浴刷，總之看當天的皮膚狀況而定。

• 身體保濕：身體肌膚的保濕也很重要。腿部我習慣用舒特膚之類的中性乳液（刮完毛之後很容易過敏），至於上半身，我喜歡用有香味的身體乳，讓香味伴著我進入夢鄉。

當你做晚間例行保養的時候，請想著自己會變漂亮，別去在意自己不完美的地方。多看看自己的美麗之處。沒有人會在意你多長了幾根白頭髮，大不了下次上髮廊處理一下就好。眼角的笑紋是你生活快樂的證據。下巴的痘痘沒什麼好擔心，如果腫起來先用冰塊敷一下，再擦點青春痘藥膏。放輕鬆，深呼吸，多喝水。現在的你就很漂亮。

〔時尚祕訣〕

請相信「優雅變老」更美麗。想想看我們的社會對於「美麗」所傳達的訊息。當你還是小女孩的時候，曾想過自己一變老就會輸給別人嗎？

就拿電影《魔髮奇緣》（Tangled）來說，女主角樂佩被養母葛索綁架，而葛索犯下大罪只是為了常保青春美麗……嗯，難怪我們對於美貌和年紀有那麼多心結。《白雪公主》裡的壞皇后也是同一個教訓。更別提雜誌和網路上充斥著各種戰勝皺紋的資訊。現代女性熱衷於臉部和下巴拉皮，還有痛苦的雷射治療，千辛萬苦只為了對抗歲月留下的痕跡，殊不知內心的不安和神經質才使人顯老。

或許你會認為，我現在才三十歲，站著說話不腰疼。但是我敢說這是我的信念：我會保持良好的心態，持續相信自己很漂亮，而且你也是。我不需要任何雜誌告訴我，我得改變任何地方才好看。如果我的額頭長了皺紋，我會接受它們的存在，它們是我的一部分。我的喜怒哀樂隨著歲月在我的臉上自然留下的痕跡，我不會打肉毒桿菌來掩飾或遺忘，只會勤加保養，堅持做自己覺得對的事。我的美容建議是：做任何讓你覺得自己美麗的事。如果你必須染掉白髮甚至打肉毒桿菌才有自信，那就做吧！可是別光顧著外表卻忽視了自己的內心。永遠要告訴自己：我很漂亮，不需要自卑。

年長的女人見多識廣，自有一股神祕的風韻，這是值得自傲之處。每個階段的自己都有可愛的地方，完全沒必要因為年歲增長而心慌。這就是人生。我媽六十多歲了，沒有動過任何美容手術，卻依然容光煥發。她臉上沒什麼皺紋，我想是因為她並不把年紀放在心上，對自己的外貌也沒什麼壓力。我媽是我的榜樣！

樂趣

忙了一整天，你不是花在看顧小孩，就是耗在辦公室裡，再不然就是出門跑腿辦事。到了晚上，你應該做點什麼來犒賞自己的辛勞。比方說，你可以讀一本書或雜誌，泡個熱水澡，享用你的招牌飲料，看你喜歡的節目，總之，做任何能帶給你樂趣的事情，即使是晚上七點半就上床睡覺也沒什麼不可以。白天那麼辛苦，晚上還不好好寵愛自己！

如果我晚上特別累，我先生會接手照顧孩子，讓我喘口氣好好舒壓。這時我會鎖上臥房的門，點上蠟燭，準備泡泡浴，洗頭髮，敷面膜，喝大量的水，然後舒舒服服泡個二十分鐘的澡。有時候我會帶松露巧克力進去當點心，一邊泡澡一邊享用。泡完澡後，我會穿著漂亮的睡衣和浴袍在房間裡閒晃，整理一下梳妝台和床頭櫃上的東西。我還會把房間裡的衣服全都收好，看著燭光在整齊的房間裡搖曳生姿。等我鬼混到這個時候，差不多會被家人叫出去，在女兒們就寢前一起玩一陣子再道個晚安。像這樣的家常夜晚，這些小小的樂趣都是幸福的泉源。

靜坐

每天晚上最好能靜坐片刻。我通常是在上床睡覺前靜坐一會兒，這有點像是所謂的「打坐冥想」，說得直白一點就是坐著閉目養神，好讓你忙碌了一整天的身心慢慢歸於平靜，更易於入睡。每天晚上我禱告結束後，會花十到十五分鐘的時間靜坐冥想。

當你開始冥想時，很多事會蹦入腦海裡，害你靜不下心來。你會忍不住回想白天遇到的任何麻煩，然後覺得心煩意亂，很想站起來做點事。再不然，你會盤算起明天的代辦事項，或是還沒繳的帳單。讓這些思緒滑過腦海吧！當它們冒出來的時候不需要抗拒，但是也別讓它們久留。繼續靜坐別亂動，放慢呼吸，你的感官會變得特別鮮明。你會感覺到夜晚的寒意、穿透眼皮的燈光，還有腳下地板的觸感。就這樣讓你的心神繼續感受觀察四周的一切。我們的腦子動了一整天，思緒萬千從未停歇，我們要做的就是不要受到這些念頭影響。

是不是聽起來有些高深？這其實並不困難。我以前一直很想試試冥想，就怕自己沒定性，靜不下心來。在我的印象裡，似乎要像禪師一樣靜坐不動，保持靈台一片空白，才算是成功進入冥想的境界。

我與外子新婚那陣子，決定到附近的瑜珈中心報名參加白虎派的冥想課程。顯然當時聖塔莫尼卡市並不流行冥想，因為學生就只有我們兩個人。師父一派高人風範，莫測高深。她跟我同名，也叫珍妮佛，有種神祕的時尚感。言歸正傳，冥想課前三分之一的時間我們會做一些瑜珈伸展動作和氣功練習，之後才照著師父教的一套呼吸吐納方法，在她的引導之下打坐冥想。我承認是有點怪，不過當時我還是乖乖照做了。打坐一次大約二十分鐘，這對初學者而言實在吃不消。整整二十分鐘？天哪！我滿腦子想的都是要洗的衣服、要買的日用品、想嘗試的新食譜、手指上剝落的指甲油、家裡的狗狗、晚點要打的電話……各式各樣雜七雜八的念頭。我請教師父，打坐的時候胡思亂想怎麼辦，她說多打坐幾次就好了，我可以先觀察自己的思緒，不必強迫自己什麼都不想。

她說的沒錯，後來打坐越來越輕鬆，我和先生還漸漸上了癮，非常期待每次的冥想課，而且從未缺席過（畢竟學生只有我們兩個，不好意思翹課）。可是好景不長，上了幾個禮拜的課後，有一次我們在樓上的教室裡打坐冥想時，傳來了樓下咖啡廳洗盤子和說話的聲音，吵得令人受不了。我忍住沒說什麼，暗自祈禱下次上課就安靜了。但是下次上課還是一樣，我打坐時又聽到叮啷的碗盤聲、笑聲和嘈雜的閒言碎語。我真的覺得很煩。我跟師父抱怨，她說她會向經理反應，可是下個禮拜上課還是一樣吵。我氣到寫信給瑜珈中心的負責人，要求她的員工在我們上冥想課時降低音量。對方沒有回信。我下次去上課，噪音問題依舊。等我上完全部的冥想課，我就跟那家瑜珈中心解約了，改去辦別家的會員。申訴得不到處理，我覺得很生氣。

現在回想起來，我不知道那位負責人不回信是因為不在乎，還是她覺得沒必要，也可能她根本沒看到我的信，抑或是她早知道我總有一天會領悟「勞動中的冥想效果，是靜坐的千倍之多」這個道理。保持內心平靜並始終不受外界影響，這是非常困難的挑戰，但是收獲也相對豐碩。冥想時老是被樓下的噪音打擾確實很討厭，可是這就是現實人生啊！現實既不完美，也不總是盡如人意。那麼我們要如何退而求其次，在有限的條件下達成冥想的目的呢？

我發現每天練習靜坐冥想，久而久之便越來越容易在勞動中冥想。我推薦大家試試看。我冥想時會坐在床上，調整出舒服的姿勢。不過你要是想坐在椅子上、地板上或你家院子裡的草地上，也全憑你高興。在星空下、日出時分，坐在浴室地板上聽著孩子在門外吵鬧，去面試重要工作前坐在停好的車子裡，都是冥想的好時機。就那樣安靜坐著不動，讓心神寧靜下來，然後慢慢呼吸。告訴自己現在一切都好，不論發生什麼事，你都在正確的道路上，事情會往好的方向發展。

記住「不以物喜，不以己悲」，保持內心平靜是我們追求的時尚人生態度。但這並不代表我們不能為自己的信仰挺身而出，也不代表我們應該什麼都不做。真正的內心平靜是指待人處事的原則；不論一天之中遇到多少麻煩，感覺多麼疲倦，犯了什麼錯，我們都要冷靜以對。要達成這樣的心理素質，靠的是每天花一些時間靜心冥想，認清自己的想法有何悲觀或樂觀之處，然後心懷感激，朝好的方面去思考。即使只有一分鐘也好，今天就試著靜坐冥想吧！這是邁向內心平靜的第一步。

放鬆

結束晚上的靜坐冥想後，你會特別睏倦，好像可以隨時入睡。這正是為什麼我喜歡在就寢前打坐，因為把心思清空之後，總是能睡得特別熟特別香。晚上除了靜坐冥想之外，還有很多種放鬆助眠的方法。你可以讀一本書或詩集，喝一杯花草茶，在星空下的花園中散步，或是坐在陽台上發呆。反正睡前不要做刺激的活動。你曾在睡前看驚險萬分的動作片嗎？道理是一樣的。你可能因為腎上腺素的作用，就算身體很累，精神還是很興奮，所以躺在床上翻來覆去遲遲睡不著。如果晚上看了情節緊張的電影，睡前最好靜坐冥想五分鐘，讓你的心思放空，身體也冷靜下來。

睡前接觸電腦的時間也要有所節制。你可能一不留神就追起了推特上的熱門話題，對著最新的新聞報導氣憤填膺，或是研究起其他八卦，最後驚覺自己怎麼開始逛網購買衣服了。知道睡前上網的陷阱了吧！

睡前應該做些能放鬆心情的活動。放下手機，快去睡覺。滑入你為自己鋪好的舒適床鋪，期待做一場好夢吧。

就寢

一天結束了。你完美地按部就班做完了所有事情。可能有些地方不順利，也可能有些遺憾。但重點是你用心過完了一天，你享受了每一個時刻。現在，你可以上床睡覺了，你的身體和靈魂都需要休息。迎接你的或許是一夜安眠，又或許是一個刺激冒險的夢。這是你努力了一天贏來的休息時間，你要趁機給自己充滿電，明天重新踏上「人生」這趟偉大的旅程。

家的靈魂

前陣子我回娘家過了個週末假期，我獨自開車去買家人要吃的冰淇淋，回家時轉錯了彎。一開始我以為自己迷路了，可是腦海裡漸漸浮現出一些記憶，儘管附近變了很多，我還是認出了舊家社區的入口。我從小長大的舊家和我父母後來搬的新家都在同一座鎮，但是我起碼十四年沒回過舊家了。一時好奇，我決定繞去看看童年的舊家現在變得怎麼樣。我開車經過排滿行道樹的兒時街道，萬千感慨瞬間浮上心頭，這裡有我滿滿的回憶片段；坐校車去幼稚園，走路上小學，我玩耍的公園，還有跑過的操場。

我的車開得離舊家越近，越是熟門熟路。我住在舊家時不曾開過車，但我沒錯過該從哪裡轉進去。我看到了學騎腳踏車的那條下坡路。記得當時剛拿掉輔助輪，爸爸幫我輕輕推了一下，感覺像是坐上火箭那麼快，一路飛衝到我家的車道，直到撞上車庫裡的洗衣機才煞住（那時還真刺激）。我還看到了以前鄰居的房子，我記得和附近的小孩整天在他們家後院玩耍的光景；玩探險家遊戲，就地取材做雲霄飛車，爬樹……

我總算在舊家前停下車子，一眼看到它年久失修的樣子，我的胃立刻感覺沉甸甸的，尤其是周圍的房子都好好的，它顯得特別令人心酸。花園雜草叢生、紗窗殘破不堪，完全不復舊時我們住在這裡的全盛模樣。以前我媽打理的花園多美啊，路人經過都會駐足欣賞。我們在這棟房子經歷了人生的起伏，但大致的日子都很快樂。

凝視著門口的階梯，我的目光穿透破敗的景象，各種往事再次上演——就在這個家門口，上學第一天的我放學後急著跑回來開門回家。就在這個家門口，幾年後我高中的男朋友送我到家，剛要來個告別吻就被我爸開門撞個正著，超尷尬的！

這趟重訪兒時舊家之旅，對我來說意義重大。我領悟到家的重要性，更深刻認知到家是孩子們成長的重要場所。你的家遠遠不只能遮風擋雨，也不光是用來展現你的設計品味，更不僅僅是一個臨時棲身之所（即使你想搬家）。它是你生活中最重要的地方，它可以讓你避開嚴酷的世界，帶給你安心感。除了鬆軟的沙發和溫暖的床這些摸得到碰得著的有形撫慰，家也提供了其他精神上的慰藉。多少回憶、值得紀念的第一次在此發生。家裡不論多麼微不足道的小事，你的孩子都會印象深刻，更別提那些與眾不同的生活細節。我很傷心新屋主沒有好好照顧我們的舊家，他們顯然不知道這棟房子對我們家人的意義，不知道它承載了我們多少歷史。

儘管舊家外觀風華不再，但我知道它的靈魂早就被我們帶到了新家。甚至當我長大離開了這座小鎮，不管去向何方，我也帶走了我家生活的精華（我家的靈魂精髓）。一個家最有價值的就是它的靈魂。多年來我從老舊的學校宿舍、堂皇的巴黎公寓，一路輾轉到聖塔莫尼卡市的聯排住宅落地成家，我家的靈魂始終與我同在。

我希望這本書的讀者能夠從中獲得啟發，盡情享受居家之樂，讓生命的每一刻都意義非凡。如果你要搬家，希望多年後當你開車經過舊地時，帶給你的是溫暖而美好的深刻回憶。至於你現在住的家，希望你能用心經營，不要虛度光陰。在家不忘保持時尚，時刻培養內心平靜，不論洗碗洗衣，挑選當天要穿的衣服，與孩子們一起收拾家裡，永遠保持快樂的心境，做什麼都能挖掘出樂趣。你的生活，你最有資格成為行家。只要帶著幹勁、幽默感和好奇心迎接這個挑戰，你將發現生活原來可以這麼美好。幸福的家庭生活也會在潛移默化之間改變你的氣質，人們一看到你將忍不住好奇自問：「誰那麼時尚啊？」別害羞，面對旁人探究的眼光，你只需要神祕地微微一笑就好。

致謝 *Acknowledgments*

我是個非常幸運的人，身邊有那麼多可愛的貴人一路相助。我要向我的家人和朋友致上我最深切的感激，我愛你們。謝謝我的好友兼經紀人 Eric Silverman、三叉戟媒體集團（Trident Media Group）全體同仁的指導、我志趣相同的完美編輯 Tris Todd，以及出版社賽門與舒斯特（Simon & Schuster）的支持、Virginia Johnson 的原文版美妙插圖、Nicole Pigeault 的智慧建言、我的心靈導師 Alan Watt、我部落格的寶貴讀者（你們是我的靈感來源）、全世界的「時尚夫人」迷，還有「時尚夫人」本人（在我離開巴黎多年後依然影響我至深）。最後要謝謝我的先生和女兒——班、艾拉貝拉和喬吉娜，你們是我生命的摯愛。

關於作者 *About the Author*

珍妮佛・斯科特是全球暢銷書《向巴黎夫人學品味》的作者，同時也是人氣部落格《生活行家》（The Daily Connoisseur）的創辦人。她是 Huffington Post Style 網站的特約撰稿人，曾上過 CNN、BBC 和 CBS 新聞等電視媒體，並獲得《紐約時報》、《浮華世界》、《今日美國報》、《新聞周刊》和《每日郵報》等平面媒體的報導，著作賣出超過十五國版權，在日本更創下銷售近百萬冊的驚人成績。她與丈夫、女兒們和一隻吉娃娃住在美國加州聖塔莫尼卡市。

網站：www.jenniferlscott.com
臉書：www.facebook.com /JenniferLScottAuthor
推特：JL_Scott
YouTube：The Daily Connoisseur

At Home with

MADAME CHIC

向巴黎夫人學居家

Madame Chic的 6 堂優雅生活課

國家圖書館出版品預行編目 (CIP) 資料

向巴黎夫人學居家：Madame Chic 的 6 堂優雅生活課 / 珍妮佛．斯科特(Jennifer L. Scott)著；喬喻譯．-- 初版．-- 臺北市：積木文化出版：家庭傳媒城邦分公司發行，2016.09
面； 公分．--（五感生活；49）
譯自：At home with Madame Chic : becoming a connoisseur of daily life a
ISBN 978-986-459-053-7(平裝)
1. 時尚 2. 生活指導 3. 法國巴黎
541.85 105015670

原書名／AT HOME WITH MADAME CHIC：BECOMING A CONNOISSEUR OF DAILY LIFE
作者／珍妮佛．斯科特（Jennifer L. Scott）
譯者／喬喻
特約編輯／劉綺文

總編輯／王秀婷
責任編輯／向艷宇
美術編輯／張倚禎
行銷業務／黃明雪、林佳穎
版權／徐昉驊

發行人／凃玉雲
出版／積木文化
104 台北市民生東路二段 141 號 5 樓
官方部落格：cubepress.com.tw
電話：(02)2500-7696｜傳真：(02)2500-1953
讀者服務信箱：service_cube@hmg.com.tw

發行／英屬蓋曼群島商家庭傳媒股份有限公司城邦分公司
台北市民生東路二段 141 號 11 樓
讀者服務專線：(02)25007718-9｜24 小時傳真專線：(02)25001990-1
服務時間：週一至週五 09:30-12:00、13:30-17:00
郵撥：19863813｜戶名：書虫股份有限公司
城邦讀書花園網路書店：www.cite.com.tw

香港發行所／城邦（香港）出版集團有限公司
香港灣仔駱克道 193 號東超商業中心 1 樓
電話：852-25086231｜傳真：852-25789337

馬新發行所／城邦（馬新）出版集團
Cite (M) Sdn Bhd
41, Jalan Radin Anum, Bandar Baru Sri Petaling,
57000 Kuala Lumpur, Malaysia.
電話：603- 90563833｜傳真：603- 90566622

美術設計／曲文瑩
製版印刷／中原造像股份有限公司

ISBN：978-986-459-053-7｜定價：300 元
2016 年 9 月 初版一刷
2022年 1 月 初版四刷